WENN DAS FEUER IM OFEN KNISTERT,
DIE LICHTER GLÄNZEN UND ALLES
NACH LEBKUCHEN DUFTET ...

CHRISTINA BAUER

WEIHNACHTEN MIT CHRISTINA

ÜBER 70 REZEPTE
FÜR KEKSE,
BROTE, STOLLEN
& STRIEZEL

Mit Fotografien von Nadja Hudovernik

Löwenzahn

AB IN DIE WEIHNACHTSBÄCKEREI: LIEBLINGSREZEPTE FÜR DEINEN WUNSCHZETTEL

SCHNEEFLOCKEN, CHRISTBAUM, KEKSE – UND GANZ VIEL LIEBE

Weihnachten! Für mich ist es mit die zauberhafteste Zeit im Jahr. Weil es nach Zimt, Vanille und Weihrauch duftet. Weil funkelnde Schneeflocken sacht und leise vom Himmel fallen und unsere Welt in eine weiße Decke hüllen. Weil es unglaublich gemütlich ist, wenn die Holzscheite im Ofen knistern und wir uns mit einer dampfenden Tasse Kräutertee auf das Sofa kuscheln können. Weil ich die Vorbereitungen auf das Fest, das Keksebacken, das Basteln, die Überraschungen, einfach extrem gern mag. Ich geb's zu: Mein Herz füllt sich mit purer Vorfreude! Wenn die Tage kürzer werden und es schon um 5 am Nachmittag dunkel wird, ergibt sich ein ganz eigener Rhythmus. Weihnachten, ja, das bedeutet für mich auch, ein bisschen zur Ruhe zu kommen, mir bewusst Zeit zu schaffen. Und diese Zeit gehört meiner Familie. Es ist die Zeit im Jahr, in der ich zurückblicke, dankbar für all die schönen Erlebnisse und Begegnungen, die mich inspirieren und mit vielen Ideen und Tatendrang ins neue Jahr gehen lassen.

Bei uns daheim startet die Adventszeit eigentlich schon im November. Da holen wir unsere Keksausstechform-Sammlung hervor, schlagen das Rezepte-Buch auf und können uns manchmal gar nicht entscheiden, welche Kekse denn die ersten sein sollen, die im Ofen ihren wunderbaren Duft entfalten. Mürbe Vanillekipferl oder flaumige Lebkuchen? Fluffige Kokoskugeln oder zarte Mürbteigkekse, ganz ohne viel Drumherum? Mein Backofen hat bis Weihnachten jedenfalls richtig viel zu tun. Genauso wie meine Kinder Magdalena und Thomas, die gar nicht genug bekommen können: vom Teigkneten, Ausrollen, Ausstechen, Tunken und Verzieren. Das gehört für uns einfach dazu und begleitet uns die gesamte Adventszeit – mit Jingle Bells im Ohr singen, backen, lachen wir. Es ist unsere Art, uns einzustimmen und gemeinsam Zeit zu verbringen.

Es ist Geborgenheit und Tradition, Familienzeit und Erinnerungen an Momente aus meiner eigenen Kindheit. Selbstverständlich dürfen die Kekse auch gleich vernascht werden, sie sind einfach viel zu gut, um bis Weihnachten in der Dose auf ihren großen Einsatz zu warten.

In diesem Buch möchte ich all meine Lieblingsrezepte rund um Weihnachten mit dir teilen, dich mit zu uns in den Lungau nehmen und dir ein bisschen zeigen, wie wir die Zeit im Advent und zu Weihnachten verbringen. Bevor es mit den Rezepten so richtig losgeht, findest du allerhand Infos zu den Backzutaten, welches Zubehör das Backen noch schöner macht und Grundrezepte für Teige, Füllungen und Glasuren. Außerdem habe ich die wichtigsten Tipps aufgeschrieben, für den Fall, dass einmal etwas schiefgeht.

Und dann? Geht's auch schon los mit den Rezepten für die verschiedensten und buntesten Kekse. Ich habe versucht, alles zu verbacken, was für mich zu Weihnachten dazugehört: Marzipan und Zimt, Mohn und Vanille, Nüsse und Schokolade, Eierlikör und Kokos. Damit auch sicher für jeden Geschmack etwas dabei ist.

Nach den Keksen findest du Ideen für weihnachtliche Kuchen und Torten, für Hefeteignikoläuse und Sterntartelettes, für Früchtebrote und Stollen: einfach himmlisch zum Kaffee und als Snack bei Ausflügen im Schnee.

Zu Weihnachten beschenke ich meine Lieben besonders gern mit kleinen Köstlichkeiten. Deshalb gibt es Rezepte für Schokofrüchte, Zimt-Minis und selbst gemachten Eierlikör obendrauf.

Liebevoll verpackt kommen diese weihnachtlichen Leckereien aus der Küche immer gut an. Ideen für selbst verziertes Geschenkpapier, selbst gebastelte Karten und Geschenkanhänger und die Anleitung für einen wunderbar einfachen Adventskranz dürfen deshalb natürlich nicht fehlen.

Und jetzt? Einfach eintauchen: in den Geschmack und den Zauber von Weihnachten. Ich wünsche dir einen wunderbaren Advent – mit vielen schönen gemeinsam verbrachten Stunden, Lebkuchenduft und Zeit für dich!

Deine Christina

Miele
Miele

AUS DEM VOLLEN SCHÖPFEN

REGIONALE UND BIOLOGISCHE ZUTATEN, NATÜRLICH AUCH ZUR WEIHNACHTSZEIT

*Manchmal schließe ich einfach die Augen und genieße den unglaublichen Duft der Köstlichkeiten, die ich gerade aus dem Ofen geholt habe. Geht es dir auch so? Und beim Verkosten verstärkt sich dieses gute Gefühl, weil ich weiß, dass in Keksen, Broten und weihnachtlichen Naschereien nur beste Zutaten drinnen sind. Ich achte ganz genau darauf, woher die Produkte stammen, die ich verwende. Dabei ist es natürlich ein großes Glück, dass ich vieles selber am Hof produzieren kann: Die Milch kommt direkt aus dem Stall, Butter, Topfen, Sahne entstehen aus der frischen Milch. Auch die Marmeladen, die mir aus den Keksen entgegenleuchten, koche ich selber ein. Bei allen anderen Zutaten ist es mir sehr wichtig, regional und biologisch einzukaufen: für meine Kinder, unsere Umwelt und die Produzent*innen, die ihr Herzblut in die Herstellung der Lebensmittel stecken. Auch das ist ein bisschen zauberhaft – wie Weihnachten.*

WAS IN DER RÜHRSCHÜSSEL LANDET: (BIOLOGISCHE) GRUNDZUTATEN

In meine Rührschüssel kommen also nur Zutaten, bei denen ich entweder die Menschen kenne, die sie hergestellt haben, oder bei denen ich mir sicher sein kann, dass das Gütesiegel hält, was es verspricht. Das Tolle ist, dass gerade in den letzten Jahren das Interesse an Lebensmitteln und ihrer Herkunft wieder steigt. Das macht es Bäuerinnen und Bauern in der Region leichter, ihre Produkte direkt zu verkaufen. Ich hole mir das Mehl zum Beispiel immer von der Mühle in Tamsweg, die Eier kommen von einem Bauern aus Mariapfarr in meiner Nähe. Es ist einfach schön, wenn mir die Hühner im Freien entgegenlaufen und ich mir sicher sein kann, dass die gackernden Damen ein gutes Leben haben. Und ich weiß, dass meine Zutaten nicht Tausende Transportkilometer zurückgelegt haben. Mir ist natürlich klar, dass nicht jede*r das Glück hat, in der Nähe einer Mühle oder eines Bauernhofs zu wohnen. Und gewisse Zutaten, die nicht bei uns wachsen, kaufe ich selbstverständlich auch im Geschäft. Dann sollten sie aber bio und fair produziert sein.

Warum ich am liebsten regionale und biologische Zutaten verbacke

Es gibt viele Gründe, warum ich beim Backen auf regionale und biologische Zutaten zurückgreife. Ich bin mir einfach sicher, dass wir nur dann gut leben können, wenn wir unsere Natur und unsere Umwelt achten und schützen. Auch der wertschätzende Umgang mit Tieren ist mir sehr wichtig. Alles um uns herum hängt zusammen, wir sind Teil eines Kreislaufes, der nur stabil sein kann, wenn es jedem einzelnen Element gutgeht. Das Ganze beginnt bei einem gesunden Boden. In der biologischen Landwirtschaft kommt ihm eine besondere Bedeutung zu. Es wird alles darangesetzt, den Boden zu schützen und ihn auf natürliche Weise fruchtbar zu erhalten: durch Mischkultur, Fruchtfolgen, organische Dünger und schonende Bodenbearbeitung. Dadurch kann auf mineralische Dünger verzichtet werden, durch größere Vielfalt ist auch ein natürlicher Pflanzenschutz möglich. Chemische Pestizide kommen in der biologischen Landwirtschaft nicht zum Einsatz. Das ermöglicht es auch den Bienen, wieder nach Herzenslust auszuschwärmen. Denn gerade Monokulturen und giftige Pflanzenschutzmittel setzen den für unsere Nahrungsmittelproduktion so wichtigen Insekten zu.

Selbstgemacht schmeckt einfach am besten: Gutes aus der Vorratskammer

Am allerliebsten ist es mir, wenn ich die Zutaten direkt vor unserer Haustür pflücken kann. In unserem Garten wächst daher eine bunte Mischung aus Gemüse, Obst und Kräutern, die ich in meinen Rezepten verbacke. In der Weihnachtsbäckerei machen sich selbstgemachte Köstlichkeiten von der eigenen Ernte einfach supergut. Ich koche im Sommer immer massenhaft Marmeladen und Gelees ein, die dann als Fülle in Keksen und Torten zum Einsatz kommen und dort ihr unvergleichlich fruchtiges Aroma entfalten. Am besten schmecken mir persönlich Himbeer-, Johannisbeer- und Marillenmarmelade, aber natürlich lassen sich so gut wie alle Früchte in Keks- und Tortenfüllmarmeladen verwandeln.

Im Herbst, wenn sich die Äste des Apfelbaums unter der Schwere der Früchte biegen, ist Apfelmus-Zeit.

Das Apfelmus gebe ich in den Lebkuchen (Seite 31), es macht ihn so unglaublich weich und saftig. Und die Sterntartelettes (Seite 193) schmecken durch das Apfelmus wahnsinnig fruchtig.

APFELMUS EINZUKOCHEN IST GANZ EINFACH.

Du brauchst dafür:

1 kg Äpfel (nur einwandfreie, reife Früchte)
200 ml Wasser
1 Zimtstange
Saft und Schale von 1/2 Bio-Zitrone

Die Äpfel waschen, vierteln und das Kerngehäuse entfernen. Mit dem Wasser, dem Zitronensaft und der -schale und der Zimtstange zugedeckt ca. 15 Minuten weich dünsten. Anschließend die Zimtstange entfernen und die Äpfel pürieren. Das Mus heiß in saubere Gläser abfüllen, abkühlen lassen, fertig.

Tipp:

Zum Abschmecken kannst du auch gern noch weitere Gewürze hinzufügen, wie zum Beispiel Nelkenpulver, Kardamom oder Vanille.

So, und nun zu einem kleinen Geständnis. Ich liebe Eierlikör. Deshalb findest du im Buch auch einige Rezepte damit, zum Beispiel die Beschwipsten Engel (Seite 66) oder die Schokokekse mit Eierlikörcreme (Seite 160). Auch Eierlikör lässt sich ganz leicht selber machen (Seite 205). Und: Daraus kannst du eine herrliche Creme (Seite 39) zaubern.

Für die Weihnachtsbäckerei braucht es gar nicht so viele Zutaten: Was ich immer daheim habe

Das Tolle am Keksebacken ist, dass man dafür meistens nur ganz wenige, einfache Zutaten braucht, die sich fast immer im Vorratsschrank finden. Für zarte Mürbteigkekse brauchst du zum Beispiel nur Weizenmehl, Salz, Backpulver, Puderzucker, Butter und ein Ei. Ein wenig Schokolade zum Verzieren, fertig. Ich habe dir hier eine Liste mit Zutaten erstellt, die ich immer daheim habe, damit ich nicht noch einkaufen gehen muss, wenn mich das Weihnachtsbackfieber überfällt.

Fixstarter für die Weihnachtsbäckerei: Mehle

Die meisten Weihnachtskekse backe ich mit Weizenmehl Type 700 (in Deutschland ist das Type 550). Für Lebkuchen brauchst du Roggenmehl Type 960 (in Deutschland Type 997). Manche Kekse, wie zum Beispiel die Haferflocken-Schoko-Kekse (Seite 159) und die Zimt-Minis (Seite 210), schmecken am vollmundigsten mit Dinkelmehl Type 700 (in Deutschland Type 630) und Dinkelvollkornmehl.

Süße Nascherei: Honig, Puderzucker und Co.

Zum Süßen verwende ich hauptsächlich Puderzucker, aber auch Honig und braunen Zucker. Und natürlich darf in vielen Rezepten auch der Vanillezucker nicht fehlen. Ein Gemisch aus Puder- und Vanillezucker zum Bestreuen macht viele Kekse dann so richtig perfekt.

Aus dem Kühlschrank: Milchprodukte, Kokosfett und Bio-Eier

Butter ist in fast allen Teigen wichtiger Fettlieferant. Aber auch Milch, Joghurt, (saure) Sahne sind oft wichtig für die Konsistenz und tragen zum Geschmack bei.

Für die Schokoladenglasur (Seite 39) verwende ich Kokosfett und Schokolade. Das ist einfach, funktioniert perfekt und schmeckt köstlich.

Eier sorgen in manchen Teigen für Bindung und in Form von Eischnee für Luftigkeit. Und beim Baiser (Seite 82 und Seite 134) läuft ohne Eier sowieso nichts.

Triebmittel: Unterstützung für den Teig

Und zwar in Form von Backpulver oder Natron. Die beiden machen den Teig lockerer und luftiger.

Immer auf Lager: Nüsse, Kokosflocken, Kakao

Ein gut gefüllter Vorratsschrank ist super, gerade wenn man regelmäßig bäckt und schnell ein paar Kekse oder Weihnachtsnaschereien zaubern möchte. Immer im Vorratsschrank habe ich daher trockene Zutaten wie Nüsse (ganz und gemahlen), Kokosflocken, Schokolade, Kakaopulver, Maisstärke, Mohn und Vanillepuddingpulver. Nicht zu vergessen: Salz, Marmeladen und Apfelmus (Seite 13).

Wie das duftet: Gewürze

Das Besondere am Backen für Weihnachten sind für mich die wunderbaren Düfte der Gewürze: Zimt, Nelkenpulver, Kardamom, Vanille und Lebkuchengewürz verströmen Weihnachtsfeeling pur.

Und sonst: Rum, Trockenfrüchte, Marzipan

Für manche Rezepte benötigst du ein wenig speziellere Zutaten, die aber auch in jedem Geschäft erhältlich sind. Das sind etwa Marzipanrohmasse, Rum, Streusel, Ingwer und Trockenfrüchte.

WAS TUN, WENN ETWAS ÜBRIG BLEIBT

Die meisten Zutaten, die für die Weihnachtsbäckerei benötigt werden, sind gut und lange haltbar. Milchprodukte und Eier können auch sonst in der Küche zum Einsatz kommen. Was bei mir immer übrig bleibt, ist Schokoladenglasur. Da ich nichts wegwerfen mag, vermische ich sie zum Beispiel mit Mandelsplittern und Haselnüssen, lasse diese Mischung auf einem Backpapier trocknen, und es entsteht daraus eine köstliche Bruchschokolade (Seite 206).

Wenn ich Lebkuchen- oder Mürbteig nicht sofort verarbeiten kann, gebe ich sie in den Kühlschrank, wo sie bis zu einer Woche gut haltbar sind.

Übrig gebliebenes Eiweiß vom selbstgemachten Eierlikör (Seite 205) ergibt duftiges Baiser (Seite 82 und Seite 134) und umgekehrt lassen sich überschüssige Eigelbe aus der Baiserzubereitung in Eierlikör verwandeln. Teigreste oder Teigbrösel schmecken köstlich, wenn sie zu Cake-Pops (Seite 216) weiterverarbeitet werden.

FÜR LANGANHALTENDE FREUDE: LAGERUNG & HALTBARKEIT

Geht es dir auch so, dass du es gar nicht erwarten kannst, die ersten Kekse auszustechen und das Schokoladebad für die Sterne und Engel und Herzen vorzubereiten? Ich starte mit der Weihnachtsbäckerei ja schon immer im November. Das ist schön, weil es einerseits eine wunderbare Einstimmung auf Weihnachten ist, andererseits ist es dann aber auch wichtig zu schauen, womit man am besten beginnt. Denn nicht alle Kekse sind gleich lange haltbar – einmal ganz davon abgesehen, dass viele ohnehin innerhalb kürzester Zeit verputzt sind. Solltest du deine Kekse aber bis Weihnachten retten können, hier ein paar Infos zu Haltbarkeit und Lagerung:

Am längsten aufbewahren lassen sich Kekse ohne Glasur oder Cremes, auch Lebkuchen hält sich lange. Ich backe daher öfter kleinere Mengen oder nur die Kekse selbst und setze sie dann erst nach und nach mit Marmelade oder der Fülle zusammen bzw. verziere sie erst später mit Schokoladen- oder Zuckerglasur.

TIPPS

Für das Aufbewahren in der Dose gibt es ein paar Tipps, damit die Kekse so wunderschön, wie sie hineinkommen, dann auch wieder am Keksteller landen:

- *Damit sich die Kekse in der Dose nicht verformen, ist es wichtig, sie gut auskühlen zu lassen.*
- *Die Dosen, in die du deine Kekse gibst, sollten luftdicht verschließbar sein.*
- *Jede Sorte sollte idealerweise in eine eigene Dose, damit die Kekse nicht Geschmack, Schokolade oder Puderzuckerüberzug voneinander annehmen.*
- *Kekse, die in einer Dose gestapelt werden, trennst du am besten mit einem Butterbrotpapier.*
- *Oft ist es besser, kleinere Mengen zu backen. Frisch schmecken die meisten Kekse einfach besser. Besonders gut über längere Zeit lagern lassen sich Kekse ohne Glasur und Fülle sowie Lebkuchen und Windgebäck.*

LOVE

Das Basteln ist für mich genauso untrennbar mit dem Weihnachtsfest verbunden wie das Backen. Ich finde es sehr schön, wenn aus natürlichen Materialien etwas entsteht, das Freude macht. Für eine liebevolle Verpackung oder Geschenkidee braucht es nicht viel, ebenso wenig wie für eine weihnachtliche Stimmung daheim. Wie gerne gehen wir gemeinsam in den Wald, sammeln Moos und Tannenzweige, um daraus später einen wunderschönen Adventskranz zu binden oder Geschenkanhänger damit zu verzieren. Die einfachsten Dinge sind für mich immer die besten. Deswegen habe ich euch in diesem Buch hin und wieder ein paar Basteltipps eingestreut, die ihr gleich zuhause ausprobieren könnt.

WAS DU BRAUCHST, UM AN WEIHNACHTEN SO RICHTIG ZU GLÄNZEN (AUSSER CHRISTBAUMKUGELN)
:

BACKZUBEHÖR, GRUNDTEIGE UND REZEPTE FÜR KEKSFÜLLUNGEN

Neben einer gut ausgestatteten Vorratskammer braucht es zum Backen auch immer ein bisschen Zubehör. Damit geht es einfach leichter und das Backen macht noch viel mehr Spaß. Das erste und beste unserer Helferlein sind allerdings: unsere Hände. Mit ihnen messen wir die Zutaten, streuen Mehl auf den Tisch, kneten und spüren den Teig. Aber die Hände benötigen dann doch etwas Verstärkung: Waage, Keksausstecher, Teigroller ...

Und: Grundteige und weihnachtliche Füllungen. Denn auch beim Weihnachtsgebäck lassen sich aus wenigen Zutaten verschiedenste Köstlichkeiten zaubern.

AUSSTATTUNG FÜR WEIHNACHTSBÄCKER*INNEN: VON AUSSTECHFORMEN BIS ZUR STERNTÜLLE

Die meisten Backutensilien, die du für die Weihnachtsbäckerei benötigst, hast du sicher daheim. Denn eigentlich braucht es nicht viel, um den Keksteller oder die Brotdose mit verschiedensten duftenden Leckereien zu füllen. Die Basics sind auf jeden Fall Bleche (zwei oder drei sind sehr praktisch, damit du nicht immer mit der nächsten Keksportion warten musst), eine Küchenwaage, Schüsseln, eine Metallschüssel zum Schmelzen von Schokolade, ein Mixer oder eine Küchenmaschine, ein Rundholz zum Ausrollen der Teige (am besten funktioniert das häufig zwischen zwei Dauerback- oder Frischhaltefolien), Löffel zum Füllen der Kekse, ein Sieb zum Bestreuen der Kekse mit Puderzucker oder Kakao, außerdem Backpapier für das Blech und zum Auskühlenlassen der verzierten Kekse. Dafür ist auch ein Auskühlgitter praktisch.

Speziell für die Weihnachtsbäckerei habe ich unterschiedliche Keksausstecher. Um ehrlich zu sein, habe ich eine kleine Sammelleidenschaft entwickelt, weil es einfach so zauberhaft schöne Ausstecher gibt: von kristallförmigen Schneeflocken über knuffige kleine Rentiere bis hin zu bezaubernden Engeln. Zum Verzieren sowie für Spritzgebäck und Baiser ist ein Spritzbeutel mit unterschiedlichen Tüllen sehr hilfreich. Falls du einmal Kekse mit Ornamenten auf deinem Keksteller haben möchtest, sind ein Motivroller und Keksstempel toll. Für den Spekulatius habe ich einen Spekulatiusroller daheim. Manche Kekse schauen in Konfektförmchen besonders hübsch aus. Und für die weihnachtlichen Brote verwende ich Gärkörbchen.

Falls es für das ein oder andere Rezept speziellere Hilfsmittel braucht, habe ich es dir dazugeschrieben. Das sind zum Beispiel Holzlöffel für die Schokolöffel. Und dann? Fehlen eigentlich nur noch schöne weihnachtliche Blechdosen, in denen die bunten Köstlichkeiten auf ihren großen Einsatz warten können.

DIE BESTE BASIS FÜR WEIHNACHTSFEELING IN DER BACKSTUBE: GRUNDTEIGE

Beim Keksebacken dreht sich sehr viel um drei ganz wichtige Grundteige: Mürbteig, Lebkuchenteig und Spritzgebäckteig. Auf den nächsten Seiten habe ich dir die Rezepte dafür aufgeschrieben, damit du diese Basisrezepte immer gleich zur Hand hast, wenn du mit dem Backen loslegen möchtest. Aus ihnen kannst du fast alle Kekse zaubern, sie bilden die Grundlage für viele meiner Kekse. Je nach Rezept kommen noch einzelne Zutaten dazu oder die Backzeit ändert sich ein wenig, wenn der Teig beispielsweise dicker ausgerollt wird. Wenn du magst, kannst du natürlich auch deine eigenen Kreationen zusammenstellen: Mit unterschiedlichen Cremes gefüllt (mehr dazu auf Seite 37), bunt verziert oder mit Kakao verfeinert, entstehen wunderbare Köstlichkeiten, die nur darauf warten, vernascht zu werden.

MÜRB
TEIG

Backtemperatur:
170 °C Heißluft

Backzeit:
ca. 10–12 Minuten

Zutaten
für ca. 60 Kekse

300 g Weizenmehl 700 (D: 550)
1 Prise Salz
5 g Backpulver
200 g kalte Butter
100 g Puderzucker
1 Ei

ZUBEREITUNG

Mehl, Salz und Backpulver in eine Schüssel geben, vermischen und eine Mulde formen. In diese die kalte, in Stücke geschnittene Butter, den Puderzucker und das Ei geben. Die Zutaten mit den Händen, mit einem Mixer oder einer Küchenmaschine mit Knethaken zu einem geschmeidigen Teig kneten.

Den Teig zu einer Kugel formen und zugedeckt mindestens 30 Minuten im Kühlschrank rasten lassen.

Für einfache Mürbteigkekse den Teig anschließend ca. 3–4 mm dick ausrollen, Kekse ausstechen, diese auf ein mit Backpapier belegtes Blech legen und im vorgeheizten Backofen ca. 10–12 Minuten backen.

TIPPS

- *Für den Mürbteig sollen alle Zutaten kalt sein, insbesondere die Butter.*
- *Am besten Puderzucker verwenden, da er sich besser als Feinkristallzucker verkneten lässt.*
- *Falls sich der Teig nicht gut bearbeiten lässt, löffelweise kaltes Wasser zugeben, bis sich die Zutaten verbinden.*
- *Das Ausrollen des Mürbteigs funktioniert am besten zwischen zwei Frischhalte- oder Dauerbackfolien.*

LEBKUCHEN
TEIG

Backtemperatur:
170 °C Heißluft

Backzeit:
ca. 8 Minuten

Zutaten
für 3 Backbleche

Teig:
320 g Roggenmehl 960
(D: 997)
140 g Puderzucker
2 Eier
3 g Kakaopulver
8 g Natron
3 g Lebkuchengewürz
70 g Honig
1 EL Apfelmus

Zum Bestreichen:
1 Ei
1 Schuss Milch

Zuckerglasur:
Seite 39

ZUBEREITUNG

Am Vortag:
Alle Zutaten in eine Schüssel geben und mit einem Mixer oder einer Küchenmaschine mit Knethaken zu einer krümeligen Masse mixen, anschließend mit der Hand zu einem festen Teig kneten. Den Teig zugedeckt in einer Schüssel 24 Stunden im Kühlschrank rasten lassen.

Am Backtag:
Am nächsten Tag den Teig ca. 5 mm dick ausrollen, die Kekse ausstechen und auf ein mit Backpapier belegtes Backblech legen. Die Lebkuchen mit dem Ei-Milch-Gemisch bestreichen und im vorgeheizten Backofen ca. 8 Minuten backen. Sie sollen nach dem Backen noch sehr weich sein – dann bleiben sie auch lange fluffig und saftig.

Die Lebkuchen auskühlen lassen und mit der Zuckerglasur nach Belieben verzieren.

TIPP

Schon mal vom „Apfel in der Dose“ gehört? Fürs Aufbewahren von Lebkuchen wird oft dazu geraten, ein aufgeschnittenes Stück Apfel mit in die Keksdose zu geben. Der Apfel sorgt für Feuchtigkeit und bewahrt den Lebkuchen vor dem Austrocknen. Das ist hier hinfällig: Dank dem Apfelmus steckt der Apfel bereits im Teig drin – und die Lebkuchen bleiben lange frisch und saftig.

SPRITZ
GEBÄCK
TEIG

Backtemperatur:
170 °C Heißluft

Backzeit:
ca. 10 Minuten

Zutaten
für ca. 35 Stück

140 g zimmerwarme Butter
120 g Puderzucker
2 Eier
200 g Weizenmehl 700 (D: 550)
35 g Vanillepudding-pulver
35 g Maisstärke
20 g Milch

Spritzbeutel und Tüllen

ZUBEREITUNG

Butter und Puderzucker einige Minuten lang schaumig schlagen, Eier nach und nach dazugeben. Anschließend Mehl, Puddingpulver, Maisstärke und Milch hinzufügen und mit einem Mixer oder einer Küchenmaschine mit Knethaken unterheben.

Den Teig anschließend sofort weiterverarbeiten. In einen Spritzbeutel streichen, den Beutel an der oberen Öffnung zudrehen und die Kekse auf ein mit Backpapier belegtes Backblech dressieren.

Das Spritzgebäck im vorgeheizten Backofen ca. 10 Minuten backen. Es soll noch keine Farbe bekommen haben, nur dann ist es mürbe und zart.

TIPPS

› *Puddingpulver und Stärkemehl sind wahre Zauberkünstler: Sie halten den Teig zusammen und verhindern, dass die Kekse beim Backen auseinanderlaufen (und große „Fladenkekse“ werden).*
› *Außerdem: So lässt sich die Masse viel einfacher dressieren. Den Spritzbeutel befüllst du am besten mit kleinen Mengen und füllst dafür öfter nach, damit sich der Teig nicht zu schnell erwärmt.*

A

frohe
weihnachten
FROHE
Weihnachten

OPA
TINI

FÜR WEIHNACHTSWICHTEL: GESCHENKVERPACKUNGEN UND SELBSTGEBASTELTE WEIHNACHTSKARTEN

Mit den Geschwistern von Johannes, meinem Mann, haben wir vor langer Zeit eine kleine Tradition ins Leben gerufen. Wir wichteln jedes Jahr, und das geht bei uns tatsächlich schon im November los. Bis zur „großen" Übergabe an einem der Weihnachtsfeiertage überraschen wir uns immer gegenseitig mit Kleinigkeiten – und die finden sich teilweise an den lustigsten Orten. Letztes Jahr bin ich zum Beispiel beim Melken im Stall über ein kleines Paket gestolpert. Es ist einfach schön zu wissen, dass jemand an einen denkt und sich nette Dinge überlegt. Dabei geht es nicht um einen Wert, sondern darum, den anderen Freude zu bereiten, oft auch nur mit netten Worten. Und das Wichtigste: Natürlich darf niemand wissen, wer wen gezogen hat. Dafür lassen wir uns schon so manche Irreführungstaktik einfallen.

Am liebsten verpacke ich meine Kleinigkeiten (und auch die Weihnachtsgeschenke selbst) ganz einfach: mit Packpapier, Garn oder Schnüren und selbstgemachten Anhängern. Zum Dekorieren kommen dann kleine Keksausstecher, Buchstaben für die Namen aus Holz oder sattgrüne Fichtenzweige zum Einsatz. Damit wird jedes Päckchen ein Unikat.

Auch die Weihnachtskarten bastle ich immer selbst. Ich verwende dafür Tonpapier in weihnachtlichen Farben, Bastelfilz, Schnüre, Geschenkbänder und Stempel. Und dann lasse ich mich inspirieren: von der Weihnachtsmusik in meinem Ohr, den weiß angezuckerten Bäumen und dem sanften Schein der Laterne vor unserer Haustür. Ich schneide kleine Bäume oder Sterne aus, falte Weihnachtsbäume aus Dekoband oder stemple einfach nur einen Weihnachtsgruß auf die Karte und befestige darunter ein schönes Band.

WEIHNACHTSGESCHMACK IN HÜLLE UND FÜLLE: CREMES, FÜLLUNGEN UND GLASUREN

Zarte Mürbteigkekse sind wie dafür gemacht, mit unterschiedlichsten Cremes gefüllt zu werden. Dabei kann ich mich gar nie entscheiden, was ich am liebsten mag: von Mohn über Eierlikör, Marzipan oder Kürbiskernen – es schmeckt einfach alles wunderbar. Manche Cremes würde ich am liebsten löffeln. Und wenn's ganz unkompliziert und schnell gehen soll, kommen bei mir Marmelade, Nougat oder Schokolade zum Einsatz.

Zum Verzieren und Tunken verwende ich hauptsächlich Zucker- und Schokoladenglasur. Sie lassen sich ganz einfach mit nur zwei Zutaten selber machen.

TIRAMISUFÜLLUNG

100 g weiße Schokolade
100 g Butter
100 g Zucker
3 EL Mascarpone

Für die Tiramisufüllung die Schokolade über einem Wasserbad schmelzen. Die Butter mit dem Zucker gut verrühren. Danach den Mascarpone gemeinsam mit der weißen Schokolade unterheben.

MARZIPANFÜLLUNG

100 g Zartbitterkuvertüre
100 g Marzipanrohmasse
100 g weiche Butter

Für die Marzipanfüllung die Zartbitterkuvertüre über einem Wasserbad schmelzen. Die Marzipanrohmasse mit der Butter verrühren und in die Kuvertüre einrühren.

BUTTERCREME

250 g Butter
250 g Puderzucker
1 Pkg. Vanillezucker
1 EL Rum

Für die Buttercreme die weiche Butter mit Puder- und Vanillezucker sowie Rum vermischen.

MOHNFÜLLE

200 ml Milch
1 Msp. Zimt
50 g Zucker
50 g Honig
200 g gemahlener Mohn
2 EL Rum
1 EL Powidl (Pflaumenmus)

Für die Mohnfülle die Milch in einem Topf auf dem Herd erwärmen. Den Honig darin langsam schmelzen, danach Zucker, Zimt, gemahlenen Mohn, Rum und Powidl dazumischen.

KÜRBISKERNFÜLLE

250 g geröstete und gemahlene Kürbiskerne
100 ml Milch
100 g Zucker
1 Pkg. Vanillezucker
1 TL Zimt
50 g süße Brösel (von zerbrochenen Keksen oder von Butterkeksen)
1 TL Kürbiskernöl
1 EL Rum
1 Eiweiß

Für die Kürbiskernfülle die Milch gemeinsam mit dem Zucker erwärmen. Danach Kürbiskerne, Vanillezucker, Zimt, süße Brösel, Kürbiskernöl, Rum und Eiweiß einrühren.

EIERLIKÖRCREME

1 Pkg. Vanillepuddingpulver
500 ml Milch
125 ml Eierlikör (Seite 205)
60 g Zucker
200 g Butter
100 g Puderzucker
1 EL Zitronensaft

Für die Eierlikörcreme den Pudding laut Packungsanweisung gemeinsam mit der Milch und dem Eierlikör zubereiten. Danach erkalten lassen. Dabei die Creme immer wieder verrühren, damit sich keine Haut bildet. Am Schluss noch Butter, Puderzucker und Zitronensaft unterrühren.

SCHOKOLADENGLASUR

100 g Schokolade
20 g Kokosfett

Für die Schokoladenglasur das Kokosfett mit der in Stücke gebrochenen Schokolade auf niedriger Stufe am Herd oder im Backofen bei 60 °C schmelzen. Etwas abkühlen lassen und die Kekse je nach Wunsch verzieren.

TIPP

Die Glasuren lassen sich gut für ein paar Tage im Kühlschrank aufbewahren.

ZUCKERGLASUR

1 Eiweiß
250 g Puderzucker

Für die Zuckerglasur das Eiweiß mit dem gesiebten Puderzucker gut verrühren, bis die Glasur die gewünschte Konsistenz erreicht hat.

TIPPS

- *Gib den Puderzucker immer schrittweise und gesiebt dazu, damit keine Klumpen entstehen.*
- *Um die Kekse mit der Glasur zu verzieren, füllst du sie am besten in einen Gefrierbeutel und schneidest ein Eck weg. Das Loch sollte möglichst klein sein.*
- *Die Glasur lässt sich auch gut mit ein paar Tropfen Lebensmittelfarbe einfärben, zum Beispiel zum Verzieren der Weihnachtsmänner (Seite 86).*

HOPPALAS
UND MISSGESCHICKE
:

EINMAL PUDERZUCKER, BITTE!

Auch mir passieren immer wieder Missgeschicke oder kleine Fehler beim Backen. Aber in den meisten Fällen lässt sich mit ein paar Tricks noch so einiges retten. Ich habe dir hier die häufigsten Hoppalas aufgeschrieben, die in der Weihnachtsbackstube passieren können, und wie sich kleine Backproblemchen einfach lösen lassen.

DIE KEKSE WAREN ZU LANG IM OFEN

Das ist wirklich Fehler Nummer 1. Denn wenn ich so richtig vertieft bin ins Kneten, Ausstechen, Glasieren und Verzieren, kommt es immer wieder vor, dass ich die Kekse im Backofen vergesse und sie zu lange backen lasse. Ein bisschen zu lange bedeutet, dass sie weniger mürbe und härter sind. Viel zu lange heißt, dass sie schon eher dunkelbraun und ziemlich knusprig ausfallen.

Was hilft? Beim Lebkuchen gebe ich einen Apfel in die Dose. Die Kekse nehmen die Feuchtigkeit des Apfels auf und werden dadurch weicher. Kekse, die zu knusprig, aber nicht verbrannt sind, verarbeite ich zu Cake-Pops. Ein Rezept findest du auf Seite 216.

DAS SPRITZGEBÄCK LÄUFT AUSEINANDER

Wenn das Spritzgebäck auseinanderläuft, ist häufig die Butter daran schuld. Oder besser gesagt, dass sie zu lang aufgeschlagen wurde. Ich gebe die Butter außerdem immer eine Zeit lang aus dem Kühlschrank, bevor ich den Spritzgebäckteig zubereite. Wenn sie eher weicher und nicht mehr ganz so kalt ist, lässt sie sich leichter mit den anderen Zutaten vermischen und der Teig lässt sich besser aufspritzen.

DER MÜRBTEIG: BRÖSELT/BRICHT | IST ZU KALT | IST ZU WEICH ODER ZU KLEBRIG

Wenn der Mürbteig beim Ausrollen sehr bröselig ist oder bricht, ist zu wenig Flüssigkeit im Teig. Ich gebe dann immer löffelweise Wasser oder Milch dazu, bis er sich gut verarbeiten lässt.

Auch schlecht ausrollen und verarbeiten lässt sich zu kalter Mürbteig. Wenn du gleich mit dem Backen loslegen willst, knetest du ihn einfach leicht mit den Händen. Wenn du noch ein wenig Zeit hast, lässt du ihn am besten bei Zimmertemperatur ein wenig liegen.

Ist der Mürbteig zu weich oder zu klebrig, um ihn gut ausrollen zu können, dann gibst du ein wenig Mehl dazu und stellst ihn noch einmal kurz kühl. Beim Ausrollen gebe ich den Mürbteig zwischen zwei Blatt Frischhaltefolie oder zwei Dauerbackfolien, das funktioniert sehr gut.

DER HEFETEIG GEHT NICHT AUF

Wenn der Hefeteig nicht aufgeht, waren vermutlich die Flüssigkeiten zu warm (sie sollten nie wärmer als 40 °C sein). Es ist daher ganz wichtig, die Temperatur von Milch und Wasser gut zu prüfen, bevor sie in die Rührschüssel kommen.

UND DAMIT VON VORNHEREIN NICHTS SCHIEFGEHT: DIE WICHTIGSTEN TIPPS FÜRS KEKSEBACKEN

Mit ein paar einfachen Tricks macht das Keksebacken noch mehr Spaß. Ich habe hier ein paar Tipps aufgeschrieben, damit die Kekse auch ganz sicher gelingen.

... BEI DER TEIGZUBEREITUNG

› *Puderzucker am besten immer sieben, sonst können sich Klümpchen im Teig bilden.*
› *Für meine Kekse verwende ich meistens Weizenmehl mit der Type 700 und Butter (keine Margarine).*
› *Die Butter sollte immer zimmerwarm sein, außer bei Mürbteigen, dort muss sie (fast immer) kalt sein.*

... BEIM AUSROLLEN

› *Damit die Kekse nicht trocken werden, den Teig auf möglichst wenig Mehl ausrollen.*
› *Besonders klebrige Teige rollst du am besten zwischen zwei Dauerback- oder Frischhaltefolien aus.*
› *Wenn der Mürbteig zu klebrig ist, einfach noch einmal in den Kühlschrank stellen. Danach lässt er sich wieder besser verarbeiten.*

... BEIM AUSSTECHEN

› *Wenn man die Keksausstecher ab und zu in Mehl taucht, bleiben die Kekse nicht so leicht hängen.*

... BEIM BACKEN

› *Die Kekse immer auf ein kaltes (!) Backblech geben, das mit einem Stück Backpapier belegt ist.*
› *Den Backofen vorheizen und die Kekse in den aufgeheizten Ofen schieben.*
› *Ich backe immer mit Heißluft, aber nicht zu lang, sonst werden die Kekse trocken. Wenn die Kekse aus dem Ofen kommen, sollte ihre Oberfläche weich sein.*

... NACH DEM BACKEN

› *Die Kekse immer sofort vom Backblech ziehen (mitsamt dem Backpapier) und vor dem Verzieren gut auskühlen lassen.*

Es ist die stillste Zeit im Jahr …
das merkt man bei uns zuhause im Salzburger Land ganz besonders. Wenn der Schnee die Berge, Felder, Tannenspitzen und Hausdächer wie Watte zudeckt, wird alles ein bisschen ruhiger, besinnlicher. Zu Weihnachten bleibt Zeit, auf das vergangene Jahr zu blicken und sich auf das neue zu freuen, innezuhalten und einfach dankbar zu sein. Und natürlich: ganz viel Zeit mit der Familie zu verbringen. Sei es draußen im Schneeflockentreiben oder drinnen beim Keksausstechen vor dem warmen Backofen.

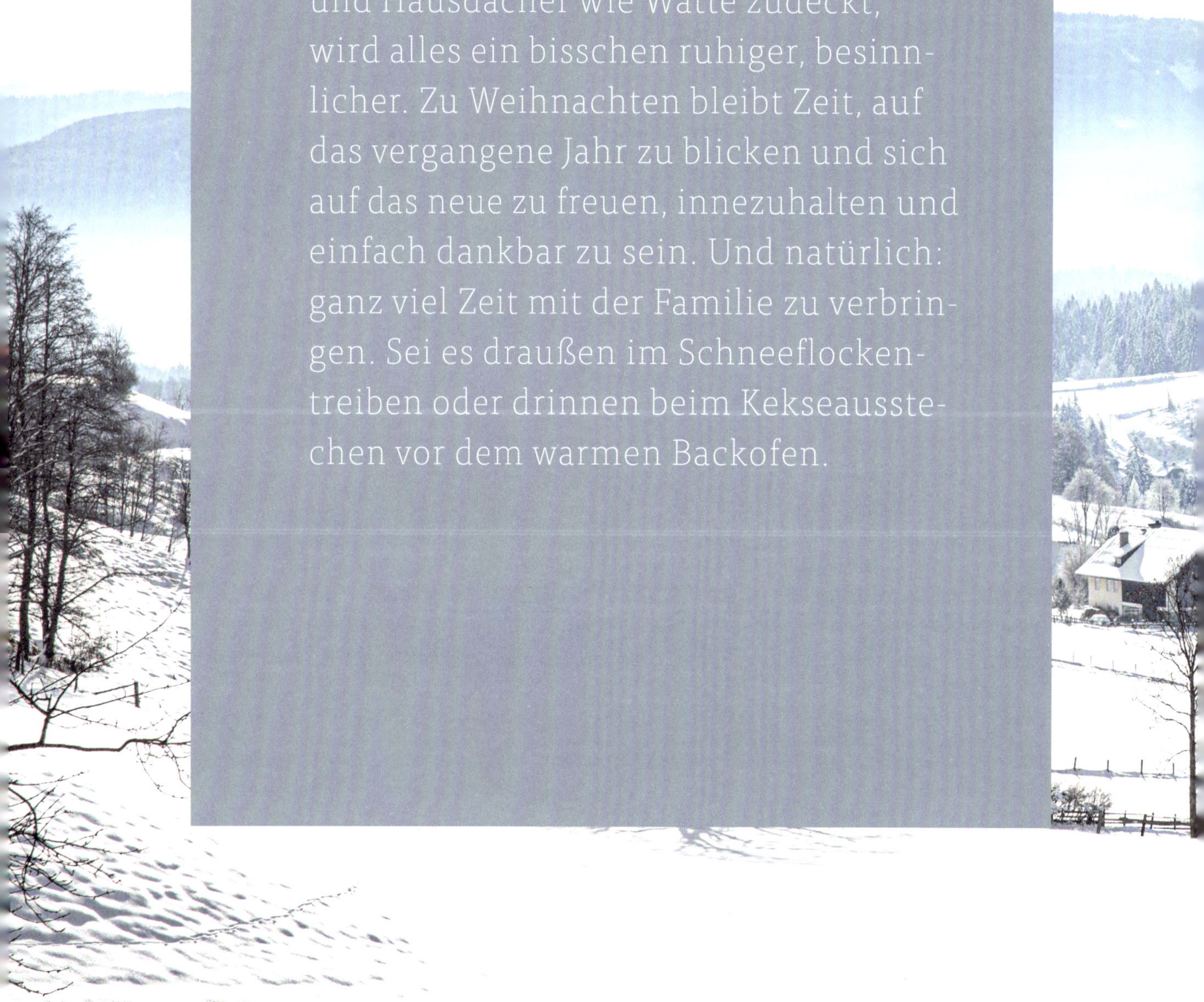

WOVON WIR NIE GENUG BEKOMMEN KÖNNEN:

:

WEIHNACHTSKEKSE

Ob mürb oder knusprig, luftig oder so richtig zum Reinbeißen – ganz egal, ich liebe sie alle. Mit dem Backen beginne ich immer schon im November, damit wir die ganze Weihnachtszeit über den Duft von Vanille, Zimt, Schokolade und Lebkuchen im Haus haben. Vorfreude pur!

FUNKELN UND GLITZERN: ZIMTSTERNE

Backtemperatur:
150 °C Heißluft

Backzeit:
ca. 15 Minuten

Zutaten
für ca. 40 Zimtsterne

3 Eiweiße
200 g Puderzucker
1 Prise Salz
etwas Zitronensaft
300 g gemahlene Mandeln
3 g Zimt
Mark von 1/2 Vanilleschote

ZUBEREITUNG

Die Eiweiße gemeinsam mit dem Puderzucker, dem Salz und dem Zitronensaft zu einem steifen Schnee schlagen. 6 Esslöffel von der Masse wegnehmen und diese in einem luftdichten Gefäß in den Kühlschrank stellen. Das ist die Zuckerglasur, mit der die Sterne dann bestrichen werden.

Die restliche Masse mit Mandeln, Zimt und dem Vanillemark vermischen und danach über Nacht im Kühlschrank aufbewahren.

Am nächsten Tag die Masse ausrollen. Die Zuckerglasur darauf verteilen und Sterne ausstechen.

Anschließend im vorgeheizten Backofen ca. 15 Minuten trocknen.

TIPP

Damit sich die Sterne gut ausstechen lassen, tauchst du den Ausstecher am besten immer wieder in Puderzucker. Noch besser funktioniert das Ausstechen mit einem speziellen Zimtsternausstecher.

NUSSIG-SÜSSE KLASSIKER: FLORENTINER

Backtemperatur:
190 °C Heißluft

Backzeit:
ca. 10 Minuten

Zutaten
für 1 Backblech

Teig:
300 g Mandelblättchen
125 g Schlagsahne
100 g Butter
70 g Honig
140 g Zucker

Zum Tunken:
200 g Schokolade

ZUBEREITUNG

Die Mandelblättchen in einer Pfanne ohne Fett anrösten.

Schlagsahne, Butter, Honig und Zucker in einen Topf geben, aufkochen und 3–4 Minuten köcheln lassen. Danach die gerösteten Mandelblättchen dazugeben und nochmal 3–4 Minuten köcheln lassen.

Die Masse auf ein mit Backpapier belegtes Backblech streichen und im vorgeheizten Backofen ca. 10 Minuten backen. Danach gut auskühlen lassen.

In der Zwischenzeit die Schokolade über einem Wasserbad schmelzen. Die Florentiner in gleichmäßige Quadrate schneiden und die Unterseite in die Schokolade tunken.

SO WEICH BEIM REINBEISSEN: BURGENLANDKIPFERL

Backtemperatur:
180 °C Heißluft

Backzeit:
ca. 20 Minuten

Zutaten
für ca. 20 Kipferl

Teig:
120 g kalte Milch
400 g Weizenmehl 700 (D: 550)
20 g frische Hefe
20 g Zucker
3 Eigelbe
250 g weiche Butter

Fülle:
3 Eiweiße
1 Prise Salz
200 g Zucker
300 g gemahlene Haselnüsse

Zum Bestreichen:
1 verquirltes Ei

ZUBEREITUNG

Aus den angegebenen Zutaten einen Hefeteig zubereiten. Dazu die Milch in eine Rührschüssel leeren, das Mehl dazugeben und die Hefe darüberbröseln. Zucker, Eigelbe und Butter hinzufügen und alles zu einem geschmeidigen Teig kneten. Diesen kalten Hefeteig nicht rasten lassen, sondern sofort weiterverarbeiten. Dazu den Teig dritteln und die Teile zu drei Kugeln formen. Die Kugeln auf einer bemehlten Arbeitsfläche dünn rechteckig ausrollen.

Für die Fülle die Eiweiße mit dem Salz aufschlagen und den Zucker einrieseln lassen.

Die Teigstücke mit der Eischneemasse bestreichen und die Haselnüsse darüberstreuen. Den Teig dann vorsichtig von einer Seite her einrollen. Nun mit einem größeren Löffel oder einem Glas Kipferl abstechen.

Die entstandenen Halbmonde auf ein mit Backpapier belegtes Backblech legen, mit dem verquirlten Ei bestreichen und im vorgeheizten Backofen ca. 20 Minuten backen.

FLUFFIGE SCHNEEBÄLLCHEN: KOKOSKUGELN

Zubereitungszeit:
ca. 30 Minuten

Rastzeit:
1 Stunde

Zutaten
für ca. 30 Kugeln

Teig:
200 g weiße Schokolade
70 g Puderzucker
70 g weiche Butter
100 g Kokosflocken

Zum Wälzen:
100 g Kokosflocken

ZUBEREITUNG

Die Schokolade über einem Wasserbad schmelzen.

Puderzucker und Butter gut vermischen, anschließend die geschmolzene Schokolade unterheben. Zum Schluss die Masse mit den Kokosflocken vermengen.

Anschließend für ca. 60 Minuten kalt stellen.

Danach aus der Masse Kugeln formen und diese in den Kokosflocken wälzen.

MMMH, WEIHNACHTEN PUR: SPEKULATIUS

Backtemperatur:
170 °C Heißluft

Backzeit:
ca. 10–12 Minuten

Zutaten für ca. 40 Stück

500 g Weizenmehl 700 (D: 550)
4 g Backpulver
250 g brauner Zucker
250 g weiche Butter
2 Eier
2 g Nelkenpulver
10 g Zimt

ZUBEREITUNG

Alle Zutaten zu einem Teig verkneten.

Den Teig anschließend ca. 3 mm dick ausrollen und leicht bemehlen. Anschließend mit einem Spekulatiusroller oder einem Ausstecher die Spekulatiuskekse ausstechen.

Die Kekse vorsichtig auf ein mit Backpapier belegtes Backblech legen und im vorgeheizten Backofen ca. 10–12 Minuten backen.

1

2

3

1 *Den Teig ausrollen und leicht mit Mehl bestäuben.*
2 *Den Spekulatiusroller mit sanftem Druck über den Teig führen.*
3 *Die einzelnen Formen vorsichtig lösen, auf das Backblech legen und backen.*

OHNE SIE GEHT'S NICHT: VANILLEKIPFERL

Backtemperatur:
170 °C Heißluft

Backzeit:
ca. 10 Minuten

Zutaten
für ca. 50–60 Vanillekipferl

Teig:
200 g Weizenmehl 700 (D: 550)
1 Prise Salz
70 g gemahlene Walnüsse
150 g kalte Butter
50 g Puderzucker
15 g Vanillezucker

Zum Bestreuen:
Gemisch aus Vanille- und Puderzucker

ZUBEREITUNG

Aus den angegebenen Zutaten einen Mürbteig zubereiten (Seite 29) und diesen für ca. 1 Stunde in Frischhaltefolie eingewickelt rasten lassen.

Kipferl formen und im vorgeheizten Backofen 10 Minuten backen. Anschließend abkühlen lassen und dann in einem Gemisch aus Vanillezucker und Puderzucker wälzen. Alternativ kann man die Vanillekipferl auch mit dem Vanille-Puderzucker-Gemisch besieben.

TIPP

Das Formen der Kipferl ist gar nicht schwer: Nimm dafür einen Teil vom Teig und forme daraus eine Rolle mit ca. 1 cm Durchmesser. Diese kannst du noch einmal unterteilen und jeden Strang mit den Händen weiterbearbeiten, bis die Rolle einen Durchmesser von ca. 5 mm hat. Davon schneidest du kleine Stücke ab und formst daraus die Kipferl.

Magdalena und Thomas sind beim Keksebacken immer mit Feuereifer dabei. Sie lieben es, den Teig zu kneten, ihn auszurollen, Kekse auszustechen, sie mit bunten Streuseln zu verzieren, die Spitzen in Schokolade zu tunken (ups, schon wieder ist eins ganz abgetaucht) und natürlich möglichst viel auf der Stelle zu verkosten. So manche Keksidee, die ihr hier findet, stammt von ihnen. Mama, können wir Sternenkekse backen? Im Hintergrund laufen Weihnachtslieder rauf und runter, der wunderbare Keksduft zieht durchs Haus, es ist gemütlich und warm – und ganz besonders schön, wenn draußen erste Schneeflocken vom Himmel purzeln.

KLEINE TÖRTCHEN: ISCHLER KEKSE

Backtemperatur:
170 °C Heißluft

Backzeit:
ca. 12 Minuten

Zutaten
für ca. 60 Kekse

Teig:
400 g Weizenmehl 700 (D: 550)
1 Pkg. Backpulver
150 g Butter
150 g Puderzucker
1 Ei
10 g Rum

Füllung:
100 g gehackte Nüsse (z.B. Mandeln oder Walnüsse)
50 g Marillenmarmelade (Aprikosenkonfitüre)

Zum Überziehen:
Schokoladenglasur (Seite 39)

Zum Dekorieren:
Walnusshälften

ZUBEREITUNG

Aus den angegebenen Zutaten einen Mürbteig zubereiten (Seite 29) und diesen in Frischhaltefolie gewickelt ca. 1 Stunde kalt stellen.

Den Teig auf einer bemehlten Arbeitsfläche ca. 3–4 mm dick ausrollen, mit passenden Ausstechern ausstechen und auf ein Backblech legen. Anschließend im vorgeheizten Backofen ca. 12 Minuten lang backen.

Die Kekse auskühlen lassen.

Für die Füllung die gehackten Nüsse mit der Marillenmarmelade (Aprikosenkonfitüre) verrühren. Danach den Boden mit der Füllung bestreichen und die Deckel daraufsetzen. Die Kekse mit der Schokoladenglasur (Seite 39) überziehen und mit einer Walnusshälfte dekorieren.

SCHMECKEN SO GUT: NUSSECKEN

Backtemperatur:
180 °C Heißluft

Backzeit:
ca. 25 Minuten

**Zutaten
für 1 Backblech**

Teig:
300 g Weizenmehl 700 (D: 550)
8 g Backpulver
100 g Zucker
2 Eier
130 g weiche Butter

Zum Bestreichen:
Marillenmarmelade (Aprikosenkonfitüre)

Nussbelag:
200 g Butter
200 g Zucker
30 g Rum (alternativ: Wasser)
400 g gemahlene Haselnüsse

Zum Tunken:
Schokoladenglasur (Seite 39)

ZUBEREITUNG

Alle Zutaten in eine Rührschüssel geben und mithilfe eines Mixers einen eher festen Teig zubereiten. Diesen dann mit den feuchten Händen gleichmäßig auf ein Backblech drücken.

Den Teig dick mit der Marillenmarmelade (Aprikosenkonfitüre) bestreichen.

Für den Nussbelag zerlassene Butter, Zucker und Rum kurz erhitzen und die gemahlenen Nüsse einrühren. Die Masse danach gleichmäßig auf dem Teig verteilen und im vorgeheizten Backofen ca. 25 Minuten backen. Danach abkühlen lassen und in kleine Dreiecke schneiden.

Die Dreiecke zur Hälfte in Schokoladenglasur tauchen und anschließend kühl stellen.

IM EIERLIKÖRHIMMEL: BESCHWIPSTE ENGEL

Backtemperatur:
170 °C Heißluft

Backzeit:
ca. 12 Minuten

Zutaten
für ca. 40 Kekse

Teig:
300 g Weizenmehl 700 (D: 550)
5 g Backpulver
etwas Salz
200 g Butter
100 g Zucker
1 Ei

Fülle:
15 g Vanillepuddingpulver
250 ml Milch
250 g Eierlikör
100 g Butter
80 g Puderzucker
1 TL Zitronensaft

Zum Bestreuen:
Puderzucker

ZUBEREITUNG

Aus den angegebenen Zutaten einen Mürbteig zubereiten (Seite 29) und diesen in Frischhaltefolie gewickelt ca. 1 Stunde kalt stellen.

Den Teig auf einer bemehlten Arbeitsfläche ca. 3–4 mm dick ausrollen, mit passenden Ausstechern Kekse ausstechen und auf ein Backblech legen. Anschließend im vorgeheizten Backofen ca. 12 Minuten lang backen.

Für die Fülle den Pudding laut Packungsanweisung gemeinsam mit Milch und Eierlikör zubereiten. Danach erkalten lassen. Die Creme immer wieder umrühren, damit sich keine Haut bildet. Am Schluss noch Butter, Puderzucker und Zitronensaft unterrühren.

Die Kekse auskühlen lassen. Danach den Boden mit der Fülle bestreichen und die Deckel daraufsetzen. Zum Schluss die Kekse noch leicht mit Puderzucker bestreuen.

SÜSSE MINI-LAIBCHEN: BROTKEKSE

Backtemperatur:
160 °C Heißluft

Backzeit:
ca. 15 Minuten

Zutaten
für ca. 60 Brotkekse

Teig:
3 Eiweiße
200 g Puderzucker
200 g gemahlene Haselnüsse
15 g Vanillezucker
150 g Weizenmehl 700 (D: 550)
100 g Kokosflocken
8 g Zimt

Zum Wälzen:
Puderzucker

ZUBEREITUNG

Die Eiweiße gemeinsam mit dem Puderzucker zu einem steifen Schnee schlagen. Danach die gemahlenen Haselnüsse, den Vanillezucker, das Mehl, die Kokosflocken und den Zimt unterheben.

Mithilfe eines Teelöffels kleine Stücke abstechen. Diese in Puderzucker wälzen und danach zu runden Kugeln formen.

Die Kugeln auf ein mit Backpapier belegtes Backblech legen und im vorgeheizten Backofen ca. 15 Minuten backen.

LEUCHTEND SCHÖN: HIMBEERHERZEN

Backtemperatur:
170 °C Heißluft

Backzeit:
ca. 10–12 Minuten

Zutaten
für ca. 30 Himbeerherzen

Teig:
300 g Weizenmehl 700 (D: 550)
etwas Salz
5 g Backpulver
200 g kalte Butter
100 g Zucker
1 Ei

Fülle:
200 g Himbeermarmelade

Zum Bestreuen:
Puderzucker

ZUBEREITUNG

Aus den angegebenen Zutaten einen Mürbteig zubereiten (Seite 29). Diesen anschließend 1 Stunde gut zugedeckt im Kühlschrank rasten lassen.

Für die Herzen den Teig ausrollen und mit einem Herzausstecher Kekse ausstechen. Mit einem kleineren Ausstecher aus dem Deckel die kleinen Herzen herausstechen.

Die Herzen dann auf ein mit Backpapier belegtes Backblech legen und im vorgeheizten Backofen ca. 10–12 Minuten backen.

Die ausgekühlten Deckel mit Puderzucker bestreuen. Die Böden mit Himbeermarmelade bestreichen, danach vorsichtig den bereits angezuckerten Deckel daraufsetzen.

EINFACHE SCHOKOKNUSPIS: CORNFLAKESKEKSE

Zubereitungszeit:
ca. 20 Minuten

Zutaten
für ca. 60 Cornflakeskekse

300 g Schokolade
20 g Kokosfett
200 g Cornflakes

Konfektförmchen

ZUBEREITUNG

Die Schokolade gemeinsam mit dem Kokosfett über einem Wasserbad schmelzen. Danach die Cornflakes einrühren und mithilfe eines Teelöffels kleine Keksportionen in Konfektförmchen setzen.

Die Kekse anschließend für ein paar Stunden kühl stellen.

TIPP

Die Cornflakeskekse lassen sich mit jeder Schokolade gut zubereiten, ganz so, wie es einem am besten schmeckt oder was gerade im Vorratsschrank zu finden ist.

DUFTENDER WEIHNACHTSSCHMUCK: ADVENTSKRANZ SELBST BINDEN

Für uns ist der Adventskranz ein wichtiger Begleiter im Advent. Mit den Kindern zünden wir an jedem Adventssonntag eine Kerze an, halten kurz inne, erzählen uns von unserem Tag und worauf wir uns in den Weihnachtsferien besonders freuen. Wir essen Kekse und genießen es, zusammen Kakao zu schlürfen. Im Schein der Kerzen wird alles ruhiger – und der Duft der Fichtenzweige verbreitet Vorfreude.

Für diesen einfachen Adventskranz brauchst du:

1 Strohkranz
frische Zweige (Tanne, Fichte, Kiefer)
Bindedraht
1 schönes Dekoband
4 Teelichter (oder andere Kerzen, die dir gefallen)
Heißklebepistole oder Allzweck-Kleber

UND SO GEHT'S:

Schneide dir die Zweige zurecht. Ideal sind ca. 10–15 cm lange Zweige.

Fasse 2–3 Zweige zu einem kleinen Bündel zusammen, lege sie auf den Strohkranz und binde sie mit dem Draht um den Kranz. Das machst du so lange, bis der Strohkranz vollständig mit Zweigen bedeckt ist und dir der Kranz gefällt.

Danach kannst du mit dem Dekoband eine Schleife binden.

Zum Schluss klebst du die Teelichter oder die Kerzen mit der Heißklebepistole oder dem Allzweck-Kleber fest. Größere Kerzen brauchen manchmal etwas mehr Halt. Für sie verwendest du am besten Draht zum Feststecken.

> Die Schritt-für-Schritt-Anleitung findest du auf der nächsten Seite.

1 Die Materialien bereitlegen.
2 Jeweils 2–3 Zweige zusammenfassen und mit dem Draht straff umwickeln. Anschließend um den Strohkranz legen und daran mit dem Draht fixieren. Ein weiteres Büschel umwickeln und dann überlappend auf dem ersten festbinden.
3 Diese Schritte wiederholen, bis der gesamte Kranz mit Zweigen ausgestattet ist. So vorgehen, dass die Büschel sich dabei gleichmäßig verteilen.
4 Das Dekoband um den Kranz legen und eine Schleife binden.
5 Die Kerzen mit dem Kleber befestigen.

1

2

3

4

5

EINE PERFEKTE MISCHUNG: MOHN-VANILLE-KIPFERL

Backtemperatur:
160 °C Heißluft

Backzeit:
ca. 15 Minuten

Zutaten
für ca. 60 Kipferl

Teig:
250 g Weizenmehl 700 (D: 550)
100 g geriebener Mohn
250 g Butter
70 g Puderzucker
1 Pkg. Vanillezucker
1 Eigelb

Zum Bestreuen:
Puderzucker-Vanillezucker-Gemisch

ZUBEREITUNG

Aus den angegebenen Zutaten einen Mürbteig zubereiten (Seite 29). Diesen anschließend in Frischhaltefolie wickeln und 1 Stunde im Kühlschrank rasten lassen.

Danach aus dem Teig Kipferl formen (Seite 59). Die Kipferl auf ein mit Backpapier belegtes Backblech legen und im vorgeheizten Ofen ca. 15 Minuten backen.

Nach dem Backen die Kipferl mit einem Gemisch aus Puder- und Vanillezucker bestreuen.

SCHNELL UND FRUCHTIG: ENGELSAUGEN

Backtemperatur:
170 °C Heißluft

Backzeit:
ca. 10–12 Minuten

**Zutaten
für ca. 60 Engelsaugen**

Teig:
300 g Mehl 700 (D: 550)
1/2 TL Backpulver
100 g Butter
200 g Zucker
1 Ei
1 EL Sauerrahm (saure Sahne)

Zum Füllen:
200 g Johannisbeermarmelade

ZUBEREITUNG

Aus den angegebenen Zutaten einen Mürbteig zubereiten (Seite 29) und diesen in Frischhaltefolie gewickelt ca. 1 Stunde kalt stellen.

Aus dem Teig walnussgroße Kugeln formen, diese mit einem Kochlöffel eindrücken und die so entstandenen Vertiefungen mit Johannisbeermarmelade füllen.

Die Kekse im vorgeheizten Backofen ca. 10–12 Minuten backen.

LUFTIG UND FEDERLEICHT: BAISERKRINGEL

Backtemperatur:
100 °C Heißluft

Backzeit:
ca. 1 Stunde

Zutaten
für ca. 40 Baiserkringel

2 Eiweiße
1 Prise Salz
80 g Zucker

Zum Bestreuen:
bunte Zuckerperlen

ZUBEREITUNG

Die Eiweiße mit dem Salz gut aufschlagen. Dann den Zucker langsam einrieseln lassen und die Masse weiter aufschlagen, bis der Schaum schön glänzt.

Die Masse in einen Spritzbeutel mit Sterntülle einfüllen und Kringel auf ein Backblech spritzen. Mit bunten Zuckerperlen verzieren.

Das Baiser bei 100 °C Heißluft ca. 1 Stunde trocknen.

TIPP

Beim Trocknen der Kringel klemmst du am besten einen Kochlöffel in die Ofentür. So kann die feuchte Luft entweichen und das luftige Schaumgebäck wird gleichmäßig trocken.

SO SAFTIG: KOKOSSTANGEN

Backtemperatur:
170 °C Heißluft

Backzeit:
ca. 25–30 Minuten

Zutaten
für ca. 40 Stangen

Teig:
2 Eier
130 g Puderzucker
5 g Vanillezucker
130 g weiche Butter
50 g weicher Honig
250 g Weizenmehl 700 (D: 550)
1 Pkg. Backpulver
250 g Milch

Guss:
250 g Kokosöl
250 g Puderzucker
50 g Milch
50 g Rum
120 g Schokolade

Zum Wälzen:
200 g Kokosflocken

ZUBEREITUNG

Eier gemeinsam mit Puder- und Vanillezucker, Butter und Honig schaumig rühren. Danach die restlichen Zutaten einrühren und die Masse auf ein Backblech streichen.

Anschließend im vorgeheizten Backofen ca. 25–30 Minuten backen. Danach auskühlen lassen.

In der Zwischenzeit den Guss vorbereiten. Dazu alle Zutaten in einem Topf vorsichtig erwärmen, bis die Schokolade geschmolzen ist.

Den ausgekühlten Keksteig in Stangen schneiden, diese in den Guss tunken und danach in den Kokosflocken wälzen.

HO, HO, HO! WEIHNACHTSMÄNNER

Backtemperatur:
170 °C Heißluft

Backzeit:
ca. 12 Minuten

Zutaten
für ca. 35 Weihnachtsmänner

Teig:
300 g Weizenmehl 700 (D: 550)
5 g Backpulver
etwas Salz
200 g Butter
100 g Zucker
1 Ei

Zuckerglasur:
200 g Puderzucker
1 Eiweiß
etwas rote Lebensmittelfarbe

Zum Dekorieren:
Zuckerperlen in Braun, Rot und Weiß
Kokosflocken

ZUBEREITUNG

Aus den angegebenen Zutaten einen Mürbteig zubereiten (Seite 29) und diesen in Frischhaltefolie gewickelt ca. 1 Stunde kalt stellen.

Den Teig auf einer bemehlten Arbeitsfläche ca. 3–4 mm dick ausrollen. Mit einem Herzausstecher die Kekse ausstechen und auf ein Backblech legen. Anschließend im vorgeheizten Backofen ca. 12 Minuten lang backen.

Für die Zuckerglasur den Puderzucker mit dem Eiweiß vermischen (Seite 39). Einen kleinen Teil davon rot einfärben. Danach die zwei Massen in Spritzbeutel füllen und die Herzen verzieren.

OH, WIE DIE DUFTEN: LEBKUCHENKNÖPFE

Backtemperatur:
170 °C Heißluft

Backzeit:
ca. 10 Minuten

Zutaten
für 40 Knöpfe

Teig:
320 g Roggenmehl 960 (D: 997)
2 Eier
70 g Honig
30 g Milch
140 g Puderzucker
8 g Natron
3 g Kakaopulver
3 g Lebkuchengewürz
1 EL Apfelmus

Zum Bestreichen:
1 Ei
1 Schuss Milch

Zuckerglasur:
Seite 39

Schokoladenglasur:
Seite 39

ZUBEREITUNG

Aus den angeführten Zutaten einen Lebkuchenteig zubereiten (Seite 31). Den Teig danach 24 Stunden im Kühlschrank rasten lassen.

Anschließend daraus Kugeln formen und diese etwas flach drücken. Die Knöpfe mit dem Ei-Milch-Gemisch bestreichen und im vorgeheizten Ofen ca. 10 Minuten backen.

Danach die Lebkuchenknöpfe mit Zuckerglasur verzieren oder in Schokoladenglasur tunken.

Weihnachten bedeutet für mich auch, das Einfache zu feiern. Sich auf das zu besinnen, was wirklich wichtig ist. Dankbar zu sein, sich Zeit zu nehmen für die kleinen Dinge, die dennoch so kostbar sind.

UNGLAUBLICH FLUFFIG: BUTTERWÖLKCHEN

Backtemperatur:
150 °C Heißluft

Backzeit:
ca. 15–20 Minuten

Zutaten
für ca. 50 Butterwölkchen

Teig:
250 g weiche Butter
250 g Weizenmehl 700 (D: 550)
8 g Backpulver
80 g gemahlene Mandeln (wichtig: ohne Schale!)
80 g Puderzucker
15 g Vanillezucker
40 g Vanillepuddingpulver

Zum Bestreuen:
Puderzucker

ZUBEREITUNG

Die angegebenen Zutaten zu einem Teig verkneten.

Aus dem Teig walnussgroße Kugeln formen und diese im vorgeheizten Ofen ca. 15–20 Minuten backen.

Die Kekse danach mit Puderzucker bestreuen.

TIPP

Falls der Teig sehr weich ist, gibst du ihn am besten für 10 Minuten in den Kühlschrank. Dann lässt er sich leichter verarbeiten.

SCHOKOLADIGE VERSUCHUNG: DUNKLE NOUGATHERZEN

Backtemperatur:
170 °C Heißluft

Backzeit:
ca. 12 Minuten

Zutaten
für ca. 35 Nougatherzen

Teig:
300 g Weizenmehl 700 (D: 550)
etwas Salz
5 g Backpulver
7 g Kakaopulver
200 g Butter
100 g Zucker
1 Ei

Fülle:
200 g weiche Nougatcreme

Zum Verzieren:
200 g Nougat
gehackte Nüsse

ZUBEREITUNG

Aus den angegebenen Zutaten einen Mürbteig zubereiten (Seite 29) und diesen in Frischhaltefolie gewickelt ca. 1 Stunde kalt stellen.

Den Teig auf einer bemehlten Arbeitsfläche ca. 3–4 mm dick ausrollen, Herzen ausstechen und auf ein mit Backpapier belegtes Backblech legen. Anschließend im vorgeheizten Backofen ca. 12 Minuten lang backen.

Die Herzen auskühlen lassen. Danach den Boden mit Nougatcreme bestreichen und die Deckel daraufsetzen. Den Nougat über einem Wasserbad schmelzen, die Herzen zur Hälfte tauchen und anschließend mit gehackten Nüssen bestreuen.

KOMETENHAFT: LINZER STERNE

Backtemperatur:
170 °C Heißluft

Backzeit:
ca. 12 Minuten

Zutaten
für ca. 35 Linzer Sterne

Teig:
250 g Weizenmehl 700 (D: 550)
8 g Backpulver
120 g Butter
100 g Puderzucker
1 Pkg. Vanillezucker
1 Ei
3 EL Milch

Zum Füllen:
150 g rote Johannisbeermarmelade

Zum Bestreuen:
Puderzucker

ZUBEREITUNG

Aus den angegebenen Zutaten einen Mürbteig zubereiten (Seite 29) und diesen in Frischhaltefolie gewickelt ca. 1 Stunde kalt stellen.

Den Teig auf einer bemehlten Arbeitsfläche ca. 3–4 mm dick ausrollen, mit Linzer-Ausstechformen ausstechen und auf ein Backblech legen. Anschließend im vorgeheizten Backofen ca. 12 Minuten lang backen.

Die Kekse auskühlen lassen. Danach den Boden mit der leicht erwärmten Marmelade bestreichen und den Deckel daraufsetzen. Im Anschluss noch mit Puderzucker bestreuen. Alternativ den Deckel vorher mit Puderzucker bestreuen und dann vorsichtig auf den Boden mit Marmelade setzen.

ZUM DAHINSCHMELZEN MÜRB: SPRITZGEBÄCK MIT SCHOKOLADE

Backtemperatur:
170 °C Heißluft

Backzeit:
ca. 10 Minuten

Zutaten
für ca. 35 Stück

Teig:
140 g zimmerwarme Butter
120 g Puderzucker
2 Eier
200 g Weizenmehl 700 (D: 550)
35 g Vanillepuddingpulver
35 g Maisstärke
20 g Milch

Zum Füllen:
Marmelade nach Belieben
(z. B. Johannisbeer- oder Marillenmarmelade)

Zum Verzieren:
Schokoladenglasur (Seite 39)

ZUBEREITUNG

Butter und Puderzucker einige Minuten lang schaumig schlagen, Eier nach und nach dazugeben. Anschließend Mehl, Puddingpulver, Maisstärke und Milch mit einem Mixer oder einer Küchenmaschine mit Knethaken unterheben.

Die Masse in einen Spritzbeutel oder in eine Kekspresse füllen und kleine Kipferl oder Stangen auf ein Backblech spritzen.

Die Kekse im vorgeheizten Backofen ca. 10 Minuten backen. Sie dürfen noch keine Farbe bekommen haben, nur dann sind und bleiben sie mürbe und zart. Die Kekse auskühlen lassen.

Die Marmelade leicht erwärmen, die Kekshälften damit bestreichen und zusammenkleben.

Zum Schluss mit den Spitzen in die Schokoladenglasur tunken.

WIE KLEINE SCHNEEBÄLLE: VANILLEKUGELN

Backtemperatur:
170 °C Heißluft

Backzeit:
ca. 10 Minuten

Zutaten
für ca. 40 Vanillekugeln

Teig:
100 g gemahlene, geschälte Mandeln
200 g Butter
100 g Zucker
Mark von 1 Vanilleschote
250 g Weizenmehl 700 (D: 550)

Zum Wälzen:
20 g gehobelte Mandeln
20 g Puderzucker
5 g Vanillezucker

Konfektförmchen

ZUBEREITUNG

Aus den angegebenen Zutaten einen Mürbteig zubereiten (Seite 29) und diesen 1 Stunde im Kühlschrank rasten lassen.

Den Teig zu Kugeln formen und diese im vorgeheizten Backofen 10 Minuten backen.

Danach die Kugeln in einem Gemisch aus Mandeln, Puderzucker und Vanillezucker wälzen und in Konfektförmchen setzen.

SCHÖNE FARBTUPFER: EISENBAHNER

Backtemperatur:
170 °C Heißluft

Backzeit:
ca. 7 Minuten und ca. 10 Minuten

**Zutaten
für ca. 120 Kekse**

Teig:
300 g Weizenmehl 700 (D: 550)
200 g Butter
90 g Puderzucker
15 g Vanillezucker
1 Eigelb
30 g Milch

Spritzmasse:
25 g Butter
200 g Marzipan
20 g Puderzucker
1 Eiweiß

Fülle:
200 g Johannisbeergelee

ZUBEREITUNG

Aus den angegebenen Zutaten einen Mürbteig zubereiten (Seite 29) und diesen in Frischhaltefolie gewickelt ca. 1 Stunde kalt stellen. Danach den Teig halbieren und jeden Teil länglich ausrollen (ca. 30 x 15 cm). Beide Bahnen in drei längliche, 5 cm breite Streifen teilen. Am besten funktioniert das direkt auf einem Backpapier. So kann man die einzelnen Bahnen einfach auseinanderschieben und muss sie nicht mehr auf das Backpapier heben.

Den Teig im vorgeheizten Backofen ca. 7 Minuten backen. Für die Spritzmasse die Butter schmelzen und das Marzipan fein reiben. Butter, Marzipan, Puderzucker und Eiweiß mit einem Mixer gut vermischen. Die Masse in einen Spritzbeutel mit Sterntülle füllen und auf die etwas ausgekühlten Bahnen dressieren. Die Bahnen weitere ca. 10 Minuten hellbraun backen. In der Zwischenzeit das Johannisbeergelee erwärmen und in einen Spritzbeutel füllen. Sofort auf den noch warmen Marzipanbahnen verteilen. Alternativ lässt sich das Gelee auch mit einem Löffel vorsichtig aufbringen. Die Bahnen etwas auskühlen lassen und danach in ca. 1 cm breite Streifen schneiden.

TIPP

Am besten, du bereitest den Teig vor und stellst ihn während der Rastzeit in den Kühlschrank. Wenn das Keksbackfieber zu groß ist, kannst du den Teig aber auch sofort weiterverarbeiten. Das funktioniert gut, allerdings muss man beim Ausrollen des Teigs ein bisschen vorsichtiger sein. Kaltes Marzipan lässt sich leichter reiben. Also vorher einfach kurz in den Kühlschrank legen.

MIT WUNDERSCHÖNEN ORNAMENTEN: ZITRONENKEKSE

Backtemperatur:
170 °C Heißluft

Backzeit:
ca. 10–12 Minuten

Zutaten
für ca. 50 Zitronenkekse

300 g Weizenmehl 700 (D: 550)
100 g Butter
200 g Zucker
15 g Vanillezucker
1 Eigelb
1 Bio-Zitrone (Saft und fein geriebene Schale)

Motivroller

1 *Den Teig ausrollen und leicht mit Mehl bestäuben.*
2 *Den Musterroller über den Teig führen.*
3 *Mit einer runden Ausstechform Kekse ausstechen.*

ZUBEREITUNG

Aus den angegebenen Zutaten einen Mürbteig zubereiten (Seite 29) und diesen in Frischhaltefolie gewickelt ca. 1 Stunde kalt stellen.

Den Teig ausrollen, mit Mehl bestäuben und mit einem Motivroller ein Muster aufbringen. Mit einem runden Ausstecher Kekse ausstechen und diese auf ein mit Backpapier belegtes Backblech legen.

Die Kekse im vorgeheizten Backofen ca. 10–12 Minuten backen.

1

2

3

Jipppieee! Wenn die ersten Flocken vom Himmel fallen, kann es uns gar nicht schnell genug gehen: Hinein in die Handschuhe, Haube über die Ohren und ab nach draußen. Zu spüren, wie die Schneekristalle unter den Schuhen knistern, die kalte, unglaublich klare Luft einatmen – das macht die Winterzeit so besonders. Und vor allem bedeutet der Schnee für uns auch eins, nämlich Spaß! Beim Schneemannbauen, Rodeln oder Schneeballschlachtmachen toben wir uns aus, bis die Wangen vor Freude und Kälte ganz rot sind. Danach schmecken die selbstgemachten Kekse und die heiße Schokolade noch zehnmal besser.

ZAUBERHAFTE KRISTALLFLÖCKCHEN: DUNKLE MÜRBTEIGSTERNE MIT KOKOS

Backtemperatur:
170 °C Heißluft

Backzeit:
ca. 12 Minuten

Zutaten
für ca. 30 Mürbteigsterne

Teig:
300 g Weizenmehl 700 (D: 550)
5 g Backpulver
etwas Salz
7 g Kakaopulver
200 g Butter
100 g Zucker
1 Ei

Glasur:
30 g Naturjoghurt
200 g Puderzucker

Zum Bestreuen:
100 g Kokosflocken

ZUBEREITUNG

Aus den angegebenen Zutaten einen Mürbteig zubereiten (Seite 29) und diesen in Frischhaltefolie gewickelt ca. 1 Stunde kalt stellen.

Den Teig auf einer bemehlten Arbeitsfläche ca. 3–4 mm dick ausrollen, mit passenden Ausstechern Kekse ausstechen und auf ein Backblech legen. Anschließend im vorgeheizten Backofen ca. 12 Minuten lang backen.

Für die Glasur Naturjoghurt und Puderzucker miteinander vermischen und die Kekse damit bestreichen. Am Schluss noch mit Kokosflocken bestreuen.

KNUSPER, KNUSPER LEBKUCHENHÄUSCHEN

Backtemperatur:
170 °C Heißluft

Backzeit:
ca. 8–10 Minuten

Zutaten für 2 Lebkuchenhäuser: Seite 31

Zuckerglasur: Seite 39

Die Bauteile für dein Lebkuchenhäuschen
2 Seitenteile:
7 cm Höhe, 9 cm Breite
1 Vorderseite + 1 Rückseite:
7 cm Höhe, 10 cm Breite, Dachschrägen je 6 cm Seitenlänge
2 Dachteile:
11 cm Länge, 9 cm Breite

1 *Die Maße für die einzelnen Bauteile auf Backpapier aufzeichnen, ausschneiden und auf den ausgerollten Teig als Schablone legen.*

2 *2 Seitenteile, 1 Vorderseite, 1 Rückseite und 2 Dachteile ausschneiden, anschließend vorsichtig auf ein mit Backpapier ausgelegtes Backblech legen, bestreichen und backen.*

ZUBEREITUNG

Den Lebkuchen wie auf Seite 31 beschrieben zubereiten.

Den Teig 5 mm dick ausrollen und die einzelnen Teile ausschneiden (siehe unten), mit dem Ei-Milch-Gemisch bestreichen und im vorgeheizten Backofen ca. 8 Minuten backen.

Bevor die Teile zusammengesetzt werden, nach Belieben Türen oder Fenster ausschneiden. Die abgeschnittenen Teile können dann als Verzierung für das Häuschen, z.B. als Fensterläden, dienen.

Die Zuckerglasur wie auf Seite 39 beschrieben zubereiten und an den Verbindungspunkten der Bauteile auftragen. Erst die beiden Seitenteile an der Vorderseite befestigen, anschließend die Rückseite an die Seitenteile anbringen. Zum Schluss die oberen Kanten mit reichlich Glasur bestreichen und die beiden Dachteile daraufsetzen. Die Verbindungsstellen mit Glasur kaschieren und Dach, Tür und Fenster nach Belieben verzieren. Das Häuschen an einem schönen Platz zum Bestaunen aufstellen.

1

2

FÜR KEKSNASCHENDE LIEBLINGE: NOUGATHERZEN

Backtemperatur:
170 °C Heißluft

Backzeit:
ca. 12 Minuten

Zutaten
für ca. 35 Nougatherzen

Teig:
300 g Weizenmehl 700 (D: 550)
5 g Backpulver
etwas Salz
200 g Butter
100 g Zucker
1 Ei

Fülle:
200 g Nougat

Zum Bestreuen:
gehackte Haselnüsse

ZUBEREITUNG

Aus den angegebenen Zutaten einen Mürbteig zubereiten (Seite 29) und diesen in Frischhaltefolie gewickelt ca. 1 Stunde kalt stellen.

Den Teig auf einer bemehlten Arbeitsfläche ca. 3–4 mm dick ausrollen, mit einer Herzform Kekse ausstechen und auf ein Backblech legen. Anschließend im vorgeheizten Backofen ca. 12 Minuten lang backen.

Die Kekse auskühlen lassen. Danach den Boden mit dem leicht erwärmten Nougat bestreichen und die Deckel daraufsetzen. Den übrigen Nougat in einen Spritzbeutel füllen und die Kekse damit verzieren. Am Schluss noch mit gehackten Haselnüssen bestreuen.

GANZ SCHNELL GEMACHT: EINFACHE SCHOKOKEKSE

Backtemperatur:
170 °C Heißluft

Backzeit:
ca. 12 Minuten

Zutaten
für ca. 35 Schokokekse

Teig:
300 g Weizenmehl 700 (D: 550)
5 g Backpulver
etwas Salz
7 g Kakaopulver
200 g Butter
100 g Zucker
1 Ei

Fülle:
200 g Marillenmarmelade (Aprikosenkonfitüre)

Zum Verzieren:
flüssige Schokolade

ZUBEREITUNG

Aus den angegebenen Zutaten einen Mürbteig zubereiten (Seite 29) und diesen in Frischhaltefolie gewickelt ca. 1 Stunde kalt stellen.

Anschließend den Teig auf einer bemehlten Arbeitsfläche ca. 3–4 mm dick ausrollen, runde Kreise ausstechen und diese auf ein Backblech legen.

Im vorgeheizten Backofen ca. 12 Minuten lang backen.

Die Kekse auskühlen lassen. Danach den Boden mit Marillenmarmelade (Aprikosenkonfitüre) bestreichen und die Deckel daraufsetzen. Die flüssige Schokolade in einen Spritzbeutel füllen, eine Ecke abschneiden und die Kekse damit verzieren.

TIPP

Wenn die Marmelade sehr fest ist, erwärme ich sie vorher, dann lässt sie sich besser auf den Keksböden verstreichen.

KNUSPRIGE KAKAOBEGLEITER: CANTUCCINI

Backtemperatur:
170 °C Heißluft

Backzeit:
ca. 20 Minuten
+ 10 Minuten

Zutaten
für ca. 30 Cantuccini

70 g Butter
200 g Zucker
2 Eier
400 g Weizenmehl 480 (D: 405)
10 g Backpulver
30 g Milch
160 g ungeschälte Mandeln

ZUBEREITUNG

Alle Zutaten genau abwiegen und zu einem Teig verkneten.

Den Teig dritteln und jeden Teil zu einem ca. 25 cm langen Strang formen. Die Stränge auf ein Backblech legen und im vorgeheizten Backofen ca. 20 Minuten backen.

Danach etwas abkühlen lassen, in ca. 1 cm dicke Scheiben schneiden und die Stücke nochmal 10 Minuten fertig backen.

LIEBLINGSSCHMAUS IN DER ADVENTSZEIT: SCHOKOLEBKUCHEN

Backtemperatur:
170 °C Heißluft

Backzeit:
ca. 15 Minuten

Zutaten
für ca. 30 Lebkuchen

Teig:
320 g Roggenmehl 960 (D: 997)
2 Eier
70 g Honig
40 g Milch
140 g Puderzucker
8 g Natron
3 g Backkakaopulver
3 g Lebkuchengewürz
15 g Apfelmus

Schokoladenglasur:
Seite 39

Lebkuchen-Silikonform

ZUBEREITUNG

Aus den angegebenen Zutaten einen Lebkuchenteig zubereiten (Seite 31). Den Teig danach am besten 24 Stunden zum Rasten kühl stellen.

Am nächsten Tag den Teig in eine Lebkuchen-Silikonform drücken und in der Form im vorgeheizten Backofen ca. 15 Minuten backen.

Danach aus der Form lösen und mit Schokoladenglasur überziehen.

FRÖHLICH-KNUFFIGE GESELLEN: KEKSMÄNNCHEN

Backtemperatur:
170 °C Heißluft

Backzeit:
ca. 10–12 Minuten

Zutaten
für ca. 20 Keksmännchen

Teig:
300 g Weizenmehl 700 (D: 550)
5 g Backpulver
200 g kalte Butter
100 g Zucker
1 Ei

Zum Dekorieren:
Mandeln und Walnüsse

Zum Bestreichen:
1 verquirltes Ei

ZUBEREITUNG

Aus den angegebenen Zutaten einen Mürbteig zubereiten (Seite 29). Diesen anschließend 1 Stunde gut zugedeckt rasten lassen.

Für die Männchen den Teig ca. 3–4 mm dick ausrollen und mit der passenden Form ausstechen. Die ausgestochenen Männchen auf ein mit Backpapier belegtes Backblech legen, in die Mitte eine Mandel oder eine Walnuss legen und je nach Wunsch die Arme platzieren.

Die Kekse mit dem Ei bestreichen und im vorgeheizten Backofen ca. 10–12 Minuten backen.

Kurz vor Weihnachten brechen Johannes, Opa Hans und ich auf, um in unserem Wald nach der schönsten Fichte für unseren Christbaum Ausschau zu halten. Das Stapfen durch den tiefverschneiten Wald, in dem alles ganz still ist, lässt mich zur Ruhe kommen. Manchmal entdecken wir Spuren von Rehen, sonst hat sich der Schnee wie eine sanfte Decke über unsere Welt gelegt.

PISTAZIEN-PREISELBEER-DUETT: BUNTE MÜRBTEIGKREISEL

Backtemperatur:
170 °C Heißluft

Backzeit:
ca. 10–12 Minuten

Zutaten
für ca. 50 Kreisel

Teig:
300 g Weizenmehl 700 (D: 550)
200 g kalte Butter
100 g Zucker
1 Ei
5 g Backpulver
etwas Salz

Zum Verzieren:
10 g Joghurt
100 g Puderzucker
gehackte Pistazien
gehackte getrocknete Preiselbeeren

ZUBEREITUNG

Aus den angegebenen Zutaten einen Mürbteig zubereiten (Seite 29). Diesen anschließend 1 Stunde gut zugedeckt im Kühlschrank rasten lassen.

Für die Kreisel den Teig ca. 3 mm dick ausrollen und mit zwei unterschiedlich großen runden Ausstechern die Kreisel ausstechen. Die Kreisel auf ein mit Backpapier belegtes Backblech legen und im vorgeheizten Backofen ca. 10–12 Minuten backen.

In der Zwischenzeit Joghurt mit Puderzucker vermischen. Die Masse in einen Spritzbeutel mit einem sehr kleinen Aufsatz füllen und die Oberfläche der Kreisel damit verzieren. Danach mit gehackten Pistazien und gehackten getrockneten Preiselbeeren bestreuen.

TIPP

Falls du keinen Spritzbeutel zur Hand hast, kannst du dir aus einem Gefrierbeutel ganz einfach einen basteln, indem du auf einer Seite eine kleine Ecke wegschneidest.

FRUCHTIG-MÜRBE KOMBI: LINZER STREIFEN

Backtemperatur:
170 °C Heißluft

Backzeit:
ca. 20 Minuten

**Zutaten
für 1 Backblech**

Teig:
200 g Weizenmehl 700 (D: 550)
5 g Backpulver
etwas Salz
100 g geschälte und gemahlene Mandeln
200 g Butter
100 g Zucker
1 Ei

Fülle:
250 g Johannisbeermarmelade

ZUBEREITUNG

Aus den angegebenen Zutaten einen Mürbteig zubereiten (Seite 29) und diesen in Frischhaltefolie gewickelt ca. 1 Stunde kalt stellen.

Den halben Teig auf einem Backpapier ca. 3–4 mm dick ausrollen. Anschließend dick mit Marmelade bestreichen. Den zweiten Teil des Teiges ebenfalls ausrollen und in ca. 1 cm breite Streifen schneiden. Die Streifen diagonal auf die Marmelade legen, das Backpapier mit dem Teig auf ein Backblech geben und die Linzer Streifen ca. 20 Minuten goldgelb backen.

Im Anschluss ein bisschen auskühlen lassen und in längliche Stücke schneiden.

AUGEN ZU UND GENIESSEN: KOKOSBUSSERL

Backtemperatur:
170 °C Heißluft

Backzeit:
ca. 15 Minuten

Zutaten für 60 Kokosbusserl

3 Eiweiße
1 Prise Salz
200 g Zucker
200 g Kokosflocken
1 EL Zitronensaft

ZUBEREITUNG

Die Eiweiße mit dem Salz zu einem steifen Schnee schlagen. Dann den Zucker einrühren, damit eine dicke Creme entsteht. Abschließend noch Kokosflocken und Zitronensaft unterrühren.

Mithilfe eines Teelöffels kleine Häufchen auf ein Backblech setzen und die Busserl im vorgeheizten Backofen ca. 15 Minuten backen.

GANZ NACH MEINEM GESCHMACK: MÜRBTEIGKEKSE MIT STEMPEL

Backtemperatur:
170 °C Heißluft

Backzeit:
ca. 12 Minuten

Zutaten für ca. 30 Kekse

300 g Weizenmehl 700 (D: 550)
5 g Backpulver
etwas Salz
200 g Butter
100 g Zucker
1 Ei

verschiedene Motivstempel

ZUBEREITUNG

Aus den angegebenen Zutaten einen Mürbteig zubereiten (Seite 29) und diesen in Frischhaltefolie gewickelt ca. 1 Stunde kalt stellen.

Den Teig auf einer bemehlten Arbeitsfläche ca. 3–4 mm dick ausrollen, mit Stempeln bedrucken und danach rund ausstechen.

Anschließend im vorgeheizten Backofen ca. 12 Minuten lang backen.

MERRY
CHRISTMAS

RUCKZUCK IM SCHOKOLADENHIMMEL: SCHOKO-MANDEL-KEKSE

Backtemperatur:
160 °C Heißluft

Backzeit:
ca. 18–10 Minuten

Zutaten
für ca. 40 Kekse

Teig:
140 g zimmerwarme Butter
100 g Zucker
1 Eigelb
150 g Weizenmehl 700 (D: 550)
30 g Stärke
50 g gemahlene Mandeln
20 g Kakaopulver

Zum Belegen:
ca. 40 halbierte, geschälte Mandeln

ZUBEREITUNG

Aus Butter, Zucker, Eigelb, Weizenmehl, Stärke, Mandeln und Kakaopulver einen Mürbteig zubereiten (Seite 29).

Anschließend ovale Kugeln formen, eine halbe Mandel in die Mitte drücken und im vorgeheizten Backofen ca. 8–10 Minuten backen.

TIPP

Der Teig für die Schoko-Mandel-Kekse kann sofort weiterverarbeitet werden und eignet sich daher super für spontane Keksbackaktionen.

FEENKÜSSCHEN: NOUGAT-BAISER-KEKSE

Backtemperatur:
170 °C Heißluft (Kekse)
100 °C Heißluft (Baiser)

Backzeit:
ca. 10–12 Minuten (Kekse)
1 Stunde (Baiser)

Zutaten
für ca. 40 Kekse

Teig:
250 g Weizenmehl 700 (D: 550)
100 g gemahlene, geschälte Mandeln
200 g Butter
100 g Zucker
1 Eigelb
Mark von 1 Vanilleschote

Baiser:
1 Eiweiß
1 Prise Salz
40 g Zucker

Fülle:
200 g Nougat

ZUBEREITUNG

Aus den angegebenen Zutaten einen Mürbteig zubereiten (Seite 29) und diesen 1 Stunde im Kühlschrank rasten lassen.

Den Mürbteig danach ausrollen und kleine Kreise ausstechen. Die Kreise auf ein mit Backpapier belegtes Backblech legen und im vorgeheizten Backofen ca. 10–12 Minuten backen.

Für das Baiser das Eiweiß mit dem Salz gut aufschlagen, dann den Zucker langsam einrieseln lassen und weiter aufschlagen, bis der Schaum schön glänzt. Dies dauert ca. 8 Minuten. Die Masse in einen Spritzbeutel mit Sterntülle einfüllen und Häufchen auf ein Backblech spritzen. Die Baisers im vorgeheizten Backofen ca. 1 Stunde trocknen lassen. Dabei einen Kochlöffel in die Ofentür klemmen, damit die feuchte Luft entweichen kann und die Baisers so schön trocknen können.

Zum Schluss den Nougat im Backofen bei 50 °C Heißluft schmelzen, die ausgekühlten Kekse damit bestreichen und ein Schaumgebäckhäubchen daraufsetzen.

VERZIEREN LEICHT GEMACHT: WEIHNACHTSSTEMPEL

Kartoffeldruck – er erinnert mich immer ein bisschen an meine Kindheit, wo wir nicht nur Papier, sondern auch Stofftaschen und Shirts mithilfe von Kartoffeln in hübsche Einzelstücke verwandelt haben. Zu Weihnachten werden aus den Kartoffeln süße Weihnachtsstempel, mit denen ich Geschenkpapier, Anhänger und Weihnachtskarten verziere.

Dafür brauchst du:

Kartoffeln
unterschiedliche Keksausstecher
Stempelkissen
Packpapier, Tonpapier (für Karten oder Anhänger)

UND SO GEHT'S:

Halbiere die Kartoffeln mit einem Messer. Achte dabei auf einen geraden Schnitt.

Drücke den Keksausstecher in die Kartoffel und schneide mit einem Messer vorsichtig den Rand außerhalb der Form weg.

Nun kannst du den Keksausstecher entfernen und die Kartoffel auf das Stempelkissen drücken.

Und dann: losstempeln – ganz, wie es dir gefällt.

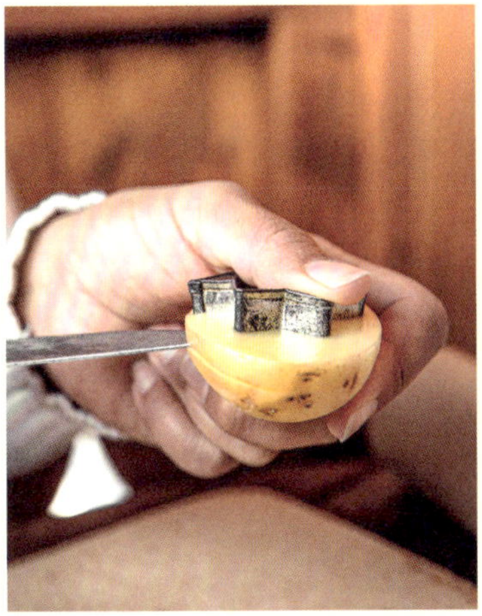

KEKS FÜR KEKS EIN HIT: NOUGATKNÖPFE

Backtemperatur:
170 °C Heißluft

Backzeit:
ca. 10–12 Minuten

Zutaten für ca. 30 Nougatknöpfe

Teig:
100 g gemahlene, geschälte Mandeln
200 g Butter
100 g Zucker
Mark von 1 Vanilleschote
250 g Weizenmehl 700 (D: 550)

Fülle:
200 g Nougat

ZUBEREITUNG

Aus den angegebenen Zutaten einen Mürbteig zubereiten (Seite 29) und diesen 1 Stunde im Kühlschrank rasten lassen.

Den Mürbteig danach ausrollen und kleine Kreise ausstechen. Die Kreise auf ein mit Backpapier belegtes Backblech legen und im vorgeheizten Backofen ca. 10–12 Minuten backen.

Den Nougat im Backofen bei 50 °C schmelzen. Die ausgekühlten Keksböden damit bestreichen und einen Keksdeckel darauflegen.

HERZEN, STERNE, WEIHNACHTSMÄNNER: LEBKUCHEN

Backtemperatur:
170 °C Heißluft

Backzeit:
ca. 8 Minuten

Zutaten
für 3 Backbleche

Teig:
320 g Roggenmehl 960 (D: 997)
2 Eier
70 g Honig
140 g Puderzucker
8 g Natron
3 g Kakaopulver
3 g Lebkuchengewürz
1 EL Apfelmus

Zum Bestreichen:
1 verquirltes Ei
1 Schuss Milch

Zuckerglasur:
Seite 39

ZUBEREITUNG

Aus den angeführten Zutaten einen Lebkuchenteig zubereiten (Seite 31). Den Teig danach 24 Stunden im Kühlschrank rasten lassen.

Anschließend den Teig ca. 5 mm dick ausrollen und Lebkuchen ausstechen. Diese mit dem Ei-Milch-Gemisch bestreichen und im vorgeheizten Backofen ca. 8 Minuten backen.

Die Lebkuchen auskühlen lassen und mit der Zuckerglasur nach Belieben verzieren.

1
2
3
4

CRAZY CHRISTMAS: SWIRL-KEKSE

Backtemperatur:
170 °C Heißluft

Backzeit:
ca. 10–12 Minuten

**Zutaten
für ca. 60 Swirl-Kekse**

300 g Weizenmehl 700 (D: 550)
100 g Butter
200 g Zucker
1 Ei
5 g Backkakaopulver

ZUBEREITUNG

Aus den angegebenen Zutaten einen Mürbteig (noch ohne den Backkakao) zubereiten (Seite 29). Den Teig anschließend halbieren und in eine Hälfte den Backkakao einkneten. Die zwei Teige in Frischhaltefolie gewickelt ca. 1 Stunde kalt stellen.

Aus den beiden Teigen nun Stränge mit ca. 2 cm Durchmesser ausrollen und jeweils 1 cm große Stücke abstechen. Diese Stücke dann wie auf der Schritt-für-Schritt-Anleitung ersichtlich zusammensetzen. Zum Schluss zwischen den Händen gegengleich verdrehen.

Die Kekse auf ein mit Backpapier belegtes Backblech legen und im vorgeheizten Backofen ca. 10–12 Minuten backen.

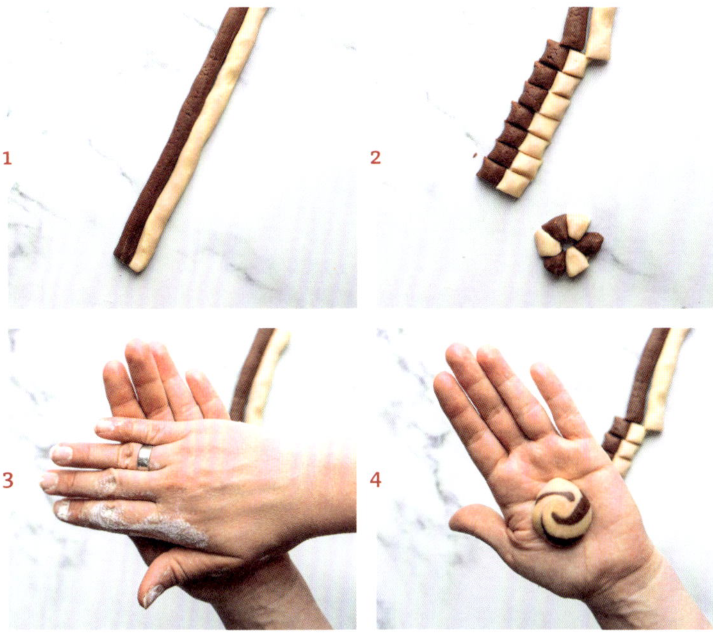

1 *Den hellen und dunklen Teig zu je einem Strang rollen.*
2 *Die Stränge in ca. 1 cm große Stücke teilen. Pro Keks 6 Stücke abwechselnd kreisförmig anordnen und leicht zusammendrücken.*
3 *Die Hände gegengleich drehen, damit sich die einzelnen Stücke wirbelförmig umschlingen.*
4 *Fertig ist das Swirl-Keks!*

TANNENGRÜNE WEIHNACHTSBOTEN: KÜRBISKERNKIPFERL

Backtemperatur:
170 °C Heißluft

Backzeit:
ca. 10–12 Minuten

Zutaten für ca. 60 Kürbiskernkipferl

Teig:
300 g Weizenmehl 700 (D: 550)
200 g gemahlene Kürbiskerne
200 g Butter
100 g Puderzucker
30 g Kürbiskernöl

Zum Tunken:
100 g Schokolade

Zum Bestreuen:
gehackte Kürbiskerne

ZUBEREITUNG

Aus den angegebenen Zutaten einen Mürbteig zubereiten (Seite 29). Diesen anschließend 1 Stunde im Kühlschrank rasten lassen.

Aus dem Teig Kipferl formen (Seite 59) und die Kipferl auf ein mit Backpapier belegtes Backblech legen. Im vorgeheizten Backofen ca. 10–12 Minuten backen.

Die Schokolade über einem Wasserbad schmelzen. Nach dem Backen die Kipferl ein wenig auskühlen lassen, die Spitzen in die Schokolade tunken und anschließend mit den gehackten Kürbiskernen bestreuen.

Wenn wir den Nachmittag damit verbracht haben, unsere Keksdosen mit Lebkuchen, Nougatknöpfen und Nussecken zu befüllen, geht's für uns am frühen Abend noch einmal nach draußen. An klaren Tagen funkeln die ersten Sterne am Himmel, der Mond ist zu sehen – und nach und nach tauchen in der Dämmerung die Rehe aus dem verschneiten Wald auf. Sie kommen zum Futterstand und lassen sich dabei von uns beobachten. Es ist schön, wenn Mensch, Tier und Natur eine Einheit bilden.

FÜR KAFFEELIEBHABER*INNEN: ESPRESSOKEKSE MIT MANDELN

Backtemperatur:
180 °C Heißluft

Backzeit:
ca. 10–12 Minuten

Zutaten für
für ca. 40 Espressokekse

Teig:
150 g Weizenmehl 700 (D: 550)
oder Dinkelmehl 700 (D: 630)
75 g Dinkelvollkornmehl
7 g Backpulver
80 g gehackte Mandeln
Mark von 1 Vanilleschote
150 g weiche Butter
120 g Rohrzucker
2 EL Espresso
2 Eier

Zum Wälzen:
120 g gehackte Mandeln

ZUBEREITUNG

Aus den angegebenen Zutaten einen Teig zubereiten.

Danach aus dem Teig walnussgroße Kugeln formen und diese Kugeln in den gehackten Mandeln wälzen.

Die Kekse auf ein mit Backpapier belegtes Backblech legen und im vorgeheizten Backofen ca. 10–12 Minuten backen.

ERFRISCHENDE KLECKSE: ORANGENKEKSE

Backtemperatur:
170 °C Heißluft

Backzeit:
ca. 10–12 Minuten

Zutaten
für ca. 60 Orangenkekse

Teig:
300 g Weizenmehl 700 (D: 550)
200 g Zucker
15 g Vanillezucker
100 g Butter
1 Eigelb
1 Bio-Orange (Saft: davon 1 EL für die Glasur aufbewahren, der Rest kommt in den Teig + fein geschnittene Schale zum Bestreuen)

Glasur:
100 g Puderzucker
1 EL Orangensaft

ZUBEREITUNG

Aus den angegebenen Zutaten einen Mürbteig zubereiten (Seite 29) und diesen in Frischhaltefolie gewickelt ca. 1 Stunde kalt stellen.

Anschließend vom Teig teelöffelgroße Stücke abstechen und diese zu einer Kugel formen. Die Kugeln etwas flach drücken und auf ein mit Backpapier belegtes Backblech legen.

Die Kekse im vorgeheizten Backofen ca. 10–12 Minuten backen.

Für die Orangenglasur 1 EL Orangensaft mit dem Puderzucker zu einer dickflüssigen Masse vermischen. Diese in einen Spritzbeutel füllen und danach feine Streifen auf die Kekse spritzen. Zum Schluss die Kekse mit der fein geschnittenen Orangenschale bestreuen.

SCHMECKEN IMMER: KLOSTERKIPFERL

Backtemperatur:
160 °C Heißluft

Backzeit:
ca. 15 Minuten

Zutaten für
für ca. 60 Kipferl

Teig:
150 g Butter
200 g Weizenmehl 700 (D: 550)
150 g gemahlene Mandeln
100 g Puderzucker
150 g geriebene Schokolade
2 Eigelbe
15 g Vanillezucker

Zum Tunken:
100 g Schokolade

ZUBEREITUNG

Aus den angegebenen Zutaten einen Mürbteig zubereiten (Seite 29). Diesen anschließend 1 Stunde rasten lassen.

Aus dem Teig Kipferl formen (Seite 59). Die Kipferl auf ein mit Backpapier belegtes Backblech legen und im vorgeheizten Backofen ca. 15 Minuten backen.

In der Zwischenzeit die Schokolade über einem Wasserbad schmelzen. Die Kipferl auskühlen lassen und danach die Spitzen in die Schokolade tunken.

SÜSS-SCHWIPSIGE NASCHEREI: RUMKUGELN

Kühlzeit:
1 Stunde

Zutaten
für ca. 40 Kugeln

Teig:
75 g Butter
220 g Zartbitterschokolade
15 g Kakaopulver
30 g Rum
3 EL Schokostreusel

Zum Wälzen:
Kokosflocken
Schokostreusel
Backkakaopulver

ZUBEREITUNG

Butter und Zartbitterschokolade im Backofen bei 50 °C schmelzen und dann vermischen. Anschließend Kakaopulver, Rum und Schokostreusel dazugeben und alles gut vermengen.

Die Masse für 1 Stunde in den Kühlschrank stellen.

Danach mit feuchten Händen zu Kugeln formen und diese in Kokosflocken, Schokostreuseln oder Kakaopulver wälzen. Anschließend noch einmal kühl stellen.

DOLCE VITA AUF DEM KEKSTELLER: TIRAMISUSTERNE

Backtemperatur:
170 °C Heißluft

Backzeit:
ca. 12 Minuten

Zutaten für
für ca. 30 Tiramisusterne

Teig:
300 g Weizenmehl 700 (D: 550)
5 g Backpulver
etwas Salz
7 g Kakaopulver
200 g Butter
100 g Zucker
1 Ei

Fülle:
100 g weiße Schokolade
100 g weiche Butter
100 g Zucker
3 EL Mascarpone

ZUBEREITUNG

Aus den angegebenen Zutaten einen Mürbteig zubereiten (Seite 29) und diesen in Frischhaltefolie gewickelt ca. 1 Stunde kalt stellen.

Den Teig auf einer bemehlten Arbeitsfläche ca. 3–4 mm dick ausrollen, mit passenden Ausstechern ausstechen und auf ein Backblech legen. Anschließend im vorgeheizten Backofen ca. 12 Minuten lang backen.

Die Schokolade über einem Wasserbad schmelzen. Butter mit Zucker gut verrühren. Danach den Mascarpone gemeinsam mit der weißen Schokolade unterheben.

Die Kekse auskühlen lassen. Anschließend den Boden mit der Creme bestreichen und die Deckel daraufsetzen.

EINFACH SCHNELL WEIHNACHTEN: HAFERFLOCKEN-SCHOKO-KEKSE

Backtemperatur:
160 °C Heißluft

Backzeit:
ca. 10 Minuten

Zutaten
für ca. 32 Kekse

75 g Butter
120 g Haferflocken
1 Ei
30 g brauner Zucker
50 g Dinkelvollkornmehl
8 g Backpulver
6 g Zimt
60 g gehackte Schokolade

ZUBEREITUNG

Die angegebenen Zutaten zu einem Teig verkneten. Danach mit einem Teelöffel Stücke abstechen und diese zu Kugeln formen.

Die Kugeln auf ein mit Backpapier belegtes Backblech setzen und im vorgeheizten Backofen ca. 10 Minuten backen.

LIEBLINGSKOMBI: SCHOKOKEKSE MIT EIERLIKÖRCREME

Backtemperatur:
170 °C Heißluft

Backzeit:
ca. 12 Minuten

Zutaten für
für ca. 40 Kekse

Teig:
300 g Weizenmehl 700 (D: 550)
5 g Backpulver
etwas Salz
7 g Kakaopulver
200 g Butter
100 g Zucker
1 Ei

Fülle:
15 g Vanillepuddingpulver
250 ml Milch
250 g Eierlikör
100 g Butter
80 g Puderzucker
1 TL Zitronensaft

ZUBEREITUNG

Aus den angegebenen Zutaten einen Mürbteig zubereiten (Seite 29) und diesen in Frischhaltefolie gewickelt ca. 1 Stunde kalt stellen.

Den Teig auf einer bemehlten Arbeitsfläche ca. 3–4 mm dick ausrollen, mit runden Ausstechern ausstechen und auf ein Backblech legen. Anschließend im vorgeheizten Backofen ca. 12 Minuten lang backen.

Für die Fülle den Pudding laut Packungsanweisung gemeinsam mit Milch und Eierlikör zubereiten. Danach erkalten lassen. Die Creme immer wieder verrühren, damit sich keine Haut bildet. Am Schluss noch Butter, Puderzucker und Zitronensaft unterrühren.

Die Kekse auskühlen lassen. Danach den Boden mit der Creme bestreichen und die Deckel daraufsetzen.

Glitzernde Kugeln in Rot, Grün und Weiß, Strohsterne und Engel mit fedrigen Flügeln: Den Weihnachtsbaum schmücken wir immer am 23. Dezember gemeinsam mit den Kindern und stimmen uns so auf die Weihnachtsfeiertage ein. Wenn wir die Schachteln mit dem funkelnden Schmuck aus dem Keller holen, liegt ein aufgeregtes Knistern in der Luft. Ja, morgen ist Weihnachten!

*EGAL, OB AM FRÜHSTÜCKSTISCH,
ZUM KAFFEE ODER ZUM MITNEHMEN
FÜR DIE WINTERLICHE RODELTOUR*

:

WEIHNACHTSBROTE, GEBÄCK & KUCHEN

Die Vorweihnachtszeit bietet so viele Möglichkeiten, nach Herzenslust zu backen. Weihnachtsmusik an, Weihrauch auf den Herd, den Schneeflocken dabei zusehen, wie sie vom Himmel tanzen. Und in der warmen Küche entstehen Früchtebrot, Stollen, Torten im Weihnachtslook und nach Nelken, Zimt und Kardamom duftendes Hefegebäck.

LUSTIG, LUSTIG, TRALALALALA: NIKOLAUS

Backtemperatur:
170 °C Heißluft

Backzeit:
ca. 25 Minuten

Zutaten für 1 Nikolaus

250 g lauwarme Milch
1 Ei
625 g Weizenmehl 700 (D: 550)
1 Würfel Hefe
7 g Salz
100 g Zucker
100 g zimmerwarme Butter

Zum Verzieren:

1 verquirltes Ei
Hagelzucker
Rosinen

1. *Den Teig ausrollen und mit einem Messer eine Nikolausform ausschneiden.*
2. *Aus den Teigresten Stab, Hutkrempe, Nase, Bart und sonstige Verzierungen formen und an der Nikolausform befestigen.*
3. *Den Nikolaus mit dem Ei bestreichen und nach Belieben mit Hagelzucker bestreuen.*
4. *2 kleine Stückchen von einer Rosine abschneiden und als Augen anbringen.*

ZUBEREITUNG

Die Milch mit dem Ei vermischen. Anschließend das Mehl dazugeben. Die Hefe direkt auf das Mehl bröseln. Zum Schluss Salz, Zucker und Butter hinzufügen. Alles zu einem feinen, glatten Teig verarbeiten. Den Teig ca. 30 Minuten zugedeckt gehen lassen.

Den Teig anschließend ca. 1 cm dick ausrollen und wie auf den Schritt-für-Schritt-Bildern ersichtlich zu einem Nikolaus verarbeiten.

Abschließend den Nikolaus mit dem verquirlten Ei bestreichen, mit Hagelzucker je nach Belieben bestreuen, Rosinen als Augen hinzufügen und im vorgeheizten Backofen ca. 25 Minuten lang backen.

1

2

3

4

BROT ODER KUCHEN? JEDENFALLS SUPERFRUCHTIG: CHRISTSTOLLEN

Backtemperatur:
180 °C Heißluft

Backzeit:
ca. 50 Minuten

Zutaten für 1 Christstollen

Teig:

250 g Weizenmehl 700 (D: 550)
10 g Backpulver
250 g Topfen (Quark)
1 Ei
40 g gehackte Mandeln
40 g Rosinen
Saft von 1/2 Zitrone
50 g gehackte, getrocknete Marillen (Aprikosen) oder andere Trockenfrüchte

Zum Bestreichen und Bestreuen:

20 g flüssige Butter
70 g Puderzucker

ZUBEREITUNG

Aus den angegebenen Zutaten einen Teig kneten und daraus einen Stollen formen. Dazu den Teig zuerst ca. 2 cm dick ausrollen, dann 1/3 des Teiges Richtung Mitte einschlagen, danach die andere Seite. An der Verbindungsstelle den Teig ein wenig nach unten drücken, damit die klassische Stollenform entsteht.

Den Stollen anschließend im vorgeheizten Backofen ca. 50 Minuten backen.

Danach gleich mit flüssiger Butter bestreichen und dick mit Puderzucker bestreuen.

DIE STERNE VOM HIMMEL HOLEN: STERNENTARTE

Backtemperatur:
170 °C Heißluft

Backzeit:
ca. 25 Minuten

Zutaten für
für 1 längliche Tarteform

Teig:
200 g Weizenmehl 700 (D: 550)
200 g kalte Butter
100 g gemahlene Mandeln
100 g Puderzucker
1 TL Vanillezucker
1/2 TL Backpulver
1 Ei

Fülle:
200 g rote Johannisbeermarmelade

Zum Bestreichen:
1 verquirltes Ei

ZUBEREITUNG

Aus den angegebenen Zutaten einen Mürbteig zubereiten (Seite 29). Den Teig zugedeckt eine Stunde im Kühlschrank rasten lassen.

Danach zwei Drittel des Teiges in eine längliche Tarteform drücken und an den Rändern hochziehen. Anschließend dick mit der Marmelade bestreichen.

Den restlichen Teig ausrollen und Sterne in unterschiedlicher Größe ausstechen. Die Sterne auf der Marmelade verteilen und danach mit dem verquirlten Ei bestreichen.

Die Tarte im vorgeheizten Backofen ca. 25 Minuten backen.

WUNDERBAR FÜR KALTE NACHMITTAGE: WEIHNACHTLICHE SCHOKOWÜRFEL

Backtemperatur:
170 °C Heißluft

Backzeit:
ca. 25–30 Minuten

Zutaten
für ca. 40 Schokowürfel

Teig:
2 Eier
130 g Puderzucker
130 g weiche Butter
50 g weicher Honig
5 g Vanillezucker
250 g Weizenmehl 700 (D: 550)
1 Pkg. Backpulver
15 g Backkakaopulver
250 g Milch

Zum Glasieren und Dekorieren:
200 g weiße Schokolade
Schokosterne

ZUBEREITUNG

Eier gemeinsam mit Puderzucker, Butter und Honig schaumig rühren. Danach die restlichen Zutaten einrühren und die Masse auf ein Backblech streichen.

Anschließend im vorgeheizten Backofen ca. 25–30 Minuten backen. Danach auskühlen lassen.

Die weiße Schokolade über einem Wasserbad vorsichtig schmelzen.

Den Kuchen in Würfel schneiden und die Schokolade mit einem Löffel darauf verteilen. Zum Schluss noch Schokosterne draufkleben.

FÜR DIE NÄCHSTE SCHNEEWANDERUNG: GEWÜRZSCHNECKEN

Backtemperatur:
170 °C Heißluft

Backzeit:
ca. 25 Minuten

Zutaten
für 12 Gewürzschnecken

Teig:
250 g lauwarme Milch
1 Ei
625 g Weizenmehl 700 (D: 550)
1 Würfel Hefe
7 g Salz
100 g Zucker
100 g zimmerwarme Butter

Fülle:
50 g brauner Zucker
5 g Zimt
1 Prise Nelkenpulver
1 Prise Kardamom
20 g weiche Butter

Zum Bestreichen:
1 verquirltes Ei
Zuckerglasur (Seite 39)

ZUBEREITUNG

Die Milch mit dem Ei vermischen. Anschließend das Mehl dazugeben. Die Hefe direkt auf das Mehl bröseln und zum Abschluss Salz, Zucker und die zimmerwarme Butter hinzufügen. Alles zu einem feinen, glatten Teig verarbeiten. Den Teig ca. 30 Minuten zugedeckt gehen lassen.

Dann den Teig dünn und rechteckig ausrollen. Den Zucker mit den Gewürzen vermischen, den Teig mit der weichen Butter bestreichen und mit der Zucker-Gewürz-Mischung bestreuen. Danach den Teig aufrollen und ca. 2 cm breite Stücke abschneiden.

Die Schnecken auf ein mit Backpapier belegtes Backblech legen und dort nochmals 10 Minuten gehen lassen. Danach mit dem verquirlten Ei bestreichen und im vorgeheizten Backofen ca. 25 Minuten lang backen.

Nach dem Backen auskühlen lassen und nach Belieben mit Zuckerglasur bestreichen.

Unsere Almhütte, die Bramlhütte, liegt zusammen mit acht anderen Hütten auf einem Almboden im hinteren Göriachtal. Im Winter umweht das kleine Hüttendorf ein Hauch Romantik, finde ich. Wenn wir einen Spaziergang zur Hütte machen, dann nicht nur, um zu sehen, ob alles in Ordnung ist. Wir bleiben da, machen Feuer im Ofen, trinken mitgebrachten Kräutertee, essen Kekse und lassen uns von der unglaublich schönen Stimmung verzaubern. Drinnen verbreitet sich die Wärme des Feuers, draußen ist alles klar, ruhig, zum Staunen schön.

EIN ECHTER BLICKFANG: STERNTORTE MIT CREMIGEN TUPFEN

Backtemperatur:
180 °C Heißluft

Backzeit:
ca. 15 Minuten

Zutaten für
für 1 Sterntorte

Teig:
6 Eier
180 g Zucker
40 g Mineral- oder Leitungswasser
180 g Weizenmehl 700 (D: 550)
5 g Backpulver
7 g Kakaopulver

Fülle:
200 g Schlagsahne
1 Pkg. Sahnesteif
60 g Nuss-Nougat-Creme

Zum Verzieren:
Schokospäne

ZUBEREITUNG

Aus den angegebenen Zutaten einen Biskuitteig zubereiten. Dafür die Eier trennen und die Eiweiße zu einem steifen Schnee schlagen. Die Eigelbe mit dem Zucker schaumig rühren und anschließend das Wasser untermischen. Das Mehl mit dem Backpulver und dem Kakao vermischen und löffelweise vorsichtig unterheben. Zum Schluss den Schnee behutsam einrühren.

Die Masse auf ein mit Backpapier belegtes Backblech streichen und im vorgeheizten Backofen ca. 15 Minuten backen. Danach gut auskühlen lassen. Anschließend 2 Sterne ausschneiden.

Für die Fülle die Schlagsahne mit Sahnesteif lt. Packungsanweisung aufschlagen und die Nuss-Nougat-Creme einrühren. Die Fülle in einen Spritzbeutel füllen und die Sterne mit kleinen Tupfen verzieren. Zum Schluss die Sterne aufeinandersetzen und mit Schokospänen verzieren.

SO FESTLICH: WEIHNACHTSTORTE

Backtemperatur:
170 °C Heißluft

Backzeit:
ca. 60 Minuten

Zutaten für 1 Tortenform mit 18 cm Durchmesser

Teig:
4 Eier
120 g Zucker
90 g neutrales Öl
150 g Weizenmehl 700 (D: 550)
100 g gemahlene Haselnüsse
8 g Backpulver

Creme:
500 g Schlagsahne
2 Pkg. Sahnesteif
250 g Topfen (Quark)
50 g Zucker

Topping:
Kokosflocken
Tannenzapfen-Cake-Pops (Seite 216)

Für die Tortenform:
10 g Butter/Öl
10 g Brösel (Paniermehl)

ZUBEREITUNG

Eier und Zucker gut aufschlagen und das Öl kurz unterrühren. Danach das Weizenmehl, die gemahlenen Haselnüsse und das Backpulver unterheben. Den Teig in die ausgefettete und mit Bröseln (Paniermehl) bestreute Tortenform füllen und im vorgeheizten Backofen ca. 60 Minuten backen. Anschließend abkühlen lassen. Den gut ausgekühlten Boden einmal horizontal durchschneiden, den Boden mit einem Tortenring umschließen.

Für die Creme die Schlagsahne mit Sahnesteif lt. Packungsanleitung aufschlagen, danach den Topfen (Quark) und den Zucker unterrühren. Mit drei Vierteln der Masse den Boden bestreichen, den zweiten Teil darauflegen und 2 Stunden kalt stellen.

Nun die Torte vorsichtig vom Ring lösen, mit der restlichen Creme die gesamte Torte einstreichen und nach Belieben dekorieren.

TIPP

Besonders weihnachtlich sieht die Torte aus, wenn du sie mit Kokosflocken bestreust und mit Tannenzapfen-Cake-Pops (Seite 216) verzierst.

BUTTER DRAUF UND REINBEISSEN: KLETZENBROT (FRÜCHTEBROT)

Backtemperatur:
210 °C Heißluft

Backzeit:
ca. 60 Minuten

Zutaten für 1 Kletzenbrot

700 g Wasser
250 g Roggenmehl 960 (D: 997)
250 g Weizenbrotmehl
10 g Salz
10 g Hefe
200 g Kletzen (gedörrte Birnen)
200 g getrocknete Feigen
100 g getrocknete Marillen (Aprikosen)
50 g Rosinen
5 g Zimt
20 g Rum
100 g Haselnüsse

1 rundes Gärkörbchen

ZUBEREITUNG

Wasser, Roggenmehl, Weizenbrotmehl, Salz und Hefe in eine Schüssel geben und daraus einen Hefeteig zubereiten. Den Teig danach ca. 1 Stunde rasten lassen.

In der Zwischenzeit die Früchte kleinschneiden, mit Zimt vermengen und in Rum einlegen.

Die Früchtemasse und die Haselnüsse in den Teig kneten, einen Laib formen und diesen in einem Gärkörbchen nochmals 20 Minuten gehen lassen.

Den Brotlaib aus dem Gärkörbchen auf ein mit Backpapier belegtes Backblech stürzen und danach im vorgeheizten Backofen mit viel Dampf ca. 60 Minuten backen.

TIPP

Falls dein Backofen keine Dampffunktion hat, gibst du beim Vorheizen ein feuerfestes Gefäß (z.B. ein Backblech) auf der untersten Ebene in den Ofen. Sobald das Kletzenbrot in den Ofen kommt, leerst du auf das heiße Backblech oder in das heiße Gefäß ein halbes Glas Eiswürfel oder Wasser.

WEIHNACHTSTRAUM? SCHOKOBAUM!

Backtemperatur:
170 °C Heißluft

Backzeit:
ca. 25 Minuten

Zutaten
für 1 Schokobaum

Teig:
250 g lauwarme Milch
1 Ei
625 g Weizenmehl 700 (D: 550)
1 Würfel Hefe
7 g Salz
100 g Zucker
100 g zimmerwarme Butter

Fülle:
200 g Nuss-Nougat-Creme

Zum Bestreichen:
1 verquirltes Ei

ZUBEREITUNG

Die Milch mit dem Ei vermischen, anschließend das Mehl dazugeben. Die Hefe direkt auf das Mehl bröseln. Zum Abschluss Salz, Zucker und die zimmerwarme Butter hinzufügen. Alles zu einem feinen, glatten Teig verarbeiten. Den Teig ca. 30 Minuten zugedeckt gehen lassen.

Die Nuss-Nougat-Creme im Backofen bei 50 °C Heißluft erwärmen, bis sie gut streichfähig ist.

Den Teig halbieren und jeden Teil ca. 1 cm dick ausrollen. Danach zugedeckt 10 Minuten rasten lassen.

Mit einem Teigrad einen Baum ausschneiden. Auf den Baum die flüssige Nuss-Nougat-Creme verteilen, den zweiten Teil draufsetzen. Danach wie auf den Schritt-für-Schritt-Fotos (Seite 186) ersichtlich zu einem Schokobaum weiterverarbeiten.

Den Baum mit dem verquirlten Ei bestreichen und im vorgeheizten Backofen ca. 25 Minuten backen.

1 *Den Teig ca. 1 cm dick ausrollen und in 2 Hälften teilen, danach zugedeckt 10 Minuten rasten lassen.*

2 *Aus einer der Hälften mit einem Teigrad eine Baumform ausschneiden.*

3 *Mit der warmen Nuss-Nougat-Creme bestreichen.*

4 *Die zweite Teighälfte darüberlegen.*

5 *Nochmals eine Baumform ausschneiden und am Rand etwas festdrücken.*

6 *Mit dem Teigrad von außen einzelne, ca. 2–3 cm dicke Äste schneiden, sodass in der Mitte ein gleichmäßig dicker Stamm bleibt.*

7 *Die Äste an den Enden verzwirbeln, den Baum vorsichtig auf ein mit Backpapier ausgelegtes Backblech legen und backen.*

1

2

3

4

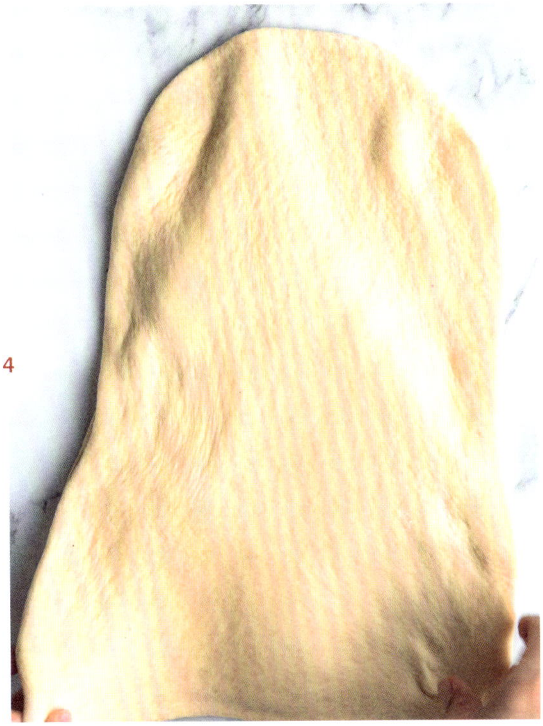

5

6

7

GEHÖRT EINFACH DAZU: FRÜCHTEBROT

Backtemperatur:
210 °C Heißluft

Backzeit:
ca. 50 Minuten

Zutaten für 2 Früchtebrote

Teig:
700 g Wasser
250 g Weizenbrotmehl
250 g Weizenmehl 700 (D: 550)
10 g Salz
10 g Hefe

Fülle:
400 g getrocknete Früchte nach Wahl
5 g Zimt
20 g Rum

2 Gärkörbchen

ZUBEREITUNG

Wasser, Weizenbrotmehl, Weizenmehl, Salz und Hefe in eine Schüssel geben und daraus einen Hefeteig zubereiten. Den Teig danach ca. 1 Stunde rasten lassen.

In der Zwischenzeit die Früchte kleinschneiden, mit Zimt vermengen und in den Rum einlegen.

Die Früchtemasse in den Teig kneten, zwei Laibe formen und diese in Gärkörbchen nochmals 20 Minuten gehen lassen.

Die Brotlaibe aus dem Gärkörbchen auf ein mit Backpapier belegtes Backblech stürzen und danach im vorgeheizten Backofen mit viel Dampf (Seite 183) ca. 50 Minuten backen.

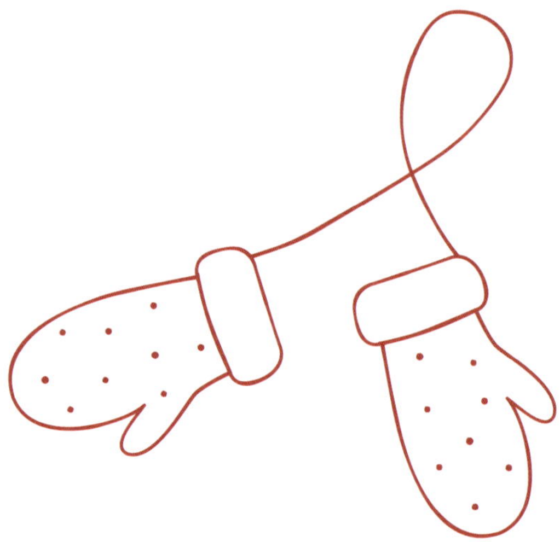

MIT LIEBE EINGEPACKT: GESCHENKANHÄNGER

Geschenkanhänger aus Salzteig: Sie sind schnell gemacht und schauen wunderschön weihnachtlich aus. Ich steche immer Sterne, Herzen, Weihnachtsmänner und Buchstaben aus. So bekommt jedes Geschenk seine ganz persönliche Note. Und Spaß macht das Arbeiten mit Salzteig obendrein.

Dafür brauchst du:

2 Tassen Mehl
1 Tasse Salz
1 Tasse Wasser
1 TL Pflanzenöl

UND SO GEHT'S:

Vermische Mehl und Salz in einer Schüssel. Gib dann das Wasser und das Öl dazu und knete alles gut durch.

Rolle den Teig auf einer bemehlten Arbeitsfläche aus. Dann kannst du ganz nach Belieben Formen, Buchstaben oder Anhänger ausstechen.

Backe den Salzteig entweder bei 120 °C Heißluft für ca. 45 Minuten oder lasse ihn an der Luft aushärten.

TIPP

Ist der Salzteig zu klebrig, kannst du etwas Mehl hinzufügen. Wenn der Salzteig zu trocken ist und beim Formen einreißt, hilft etwas Öl.

APFEL, NUSS, MÜRBER KEKS: STERNTARTELETTES

Backtemperatur:
180 °C Heißluft

Backzeit:
ca. 12 Minuten

Zutaten für ca. 20 Tartelettes

Teig:
300 g Weizenmehl 700 (D: 550)
200 g kalte Butter
100 g Zucker
1 Ei
5 g Backpulver
etwas Salz

Fülle:
1 Apfel
100 g gemahlene Nüsse
20 g Zucker

Zum Bestreichen:
1 Ei

ZUBEREITUNG

Aus den angegebenen Zutaten einen Mürbteig zubereiten (Seite 29). Diesen anschließend 1 Stunde gut zugedeckt im Kühlschrank rasten lassen.

In der Zwischenzeit die Fülle zubereiten. Dazu den Apfel schälen, entkernen und in Stücke schneiden. Die Apfelstücke 10 Minuten lang dünsten, bis sie weich sind. Danach kurz auskühlen lassen und mit einer Gabel zu einem Mus zerdrücken. Das Apfelmus mit den Nüssen und dem Zucker gut vermischen.

Für die Tartelettes den Teig ausrollen und Kreise ausstechen. Pro Tartelette 2 Kreise ausstechen (Deckel und Boden). Aus dem Deckel einen Stern ausstechen. Auf den Boden 1 TL Fülle geben und den Deckel darüberlegen. Nun den Rand mit einer Gabel rundherum festdrücken. Die Kekse mit einem verquirlten Ei bestreichen und im vorgeheizten Backofen ca. 12 Minuten backen.

TIPP

Besonders schön sehen die Tartelettes aus, wenn du sie mit einer Zuckerglasur (Seite 39) verzierst.

SUPERGUT ZUM MITNEHMEN: CHRISTSTOLLENKUGELN

Backtemperatur:
180 °C Heißluft

Backzeit:
ca. 25 Minuten

Zutaten für ca. 7 Christstollenkugeln

Teig:
100 g Rosinen
50 g Rum
50 g lauwarme Milch
1 Ei
200 g Weizenmehl 700 (D: 550)
20 g Zucker
15 g Vanillezucker
3 g Salz
10 g frische Hefe
1 TL Zimt
je 1 Prise Koriander und Nelkenpulver
90 g zimmerwarme Butter
50 g Zitronat
50 g Orangeat
50 g gehackte Mandeln

Zum Bestreichen und Bestreuen:
40 g geschmolzene Butter
60 g Puderzucker

ZUBEREITUNG

Am Vortag:
Rosinen mit Rum übergießen und über Nacht ziehen lassen.

Am Backtag:
Die Milch mit dem Ei in eine Rührschüssel geben. Mehl, Zucker, Vanillezucker, Salz, Hefe, Zimt, Gewürze und Butter dazugeben und alles zu einem Teig verarbeiten. Den Teig ungefähr 30 Minuten zugedeckt gehen lassen.

Anschließend Zitronat, Orangeat, Rosinen (ohne Rum) und gehackte Mandeln unterkneten.

Aus dem Teig handgroße, ca. 100 g schwere Kugeln formen.

Nochmals kurz gehen lassen und danach im vorgeheizten Backofen ca. 25 Minuten lang backen.

Die fertig gebackenen Kugeln mit der geschmolzenen Butter bestreichen und dick mit Puderzucker bestreuen.

MAGISCHES WEIHNACHTSDORF: SCHOKOLADENTORTE MIT LEBKUCHENHÄUSERN

Backtemperatur:
170 °C Heißluft

Backzeit:
ca. 45 Minuten

Zutaten für 1 Torte (Ø 20 cm)

200 g zimmerwarme Butter
200 g Zucker
4 Eier
250 g Mehl
1 Pkg. Backpulver
80 g grob gehackte Haselnüsse
100 g grob gehackte Schokolade
250 g Naturjoghurt
10 g Kakaopulver
1 TL Lebkuchengewürz

Zum Füllen:
200 g Nougat

Zum Bestreichen:
200 g Marmelade (z.B. Johannisbeermarmelade)

Schokoladenglasur: Seite 39
Lebkuchenteig: Seite 31
Zuckerglasur: Seite 39

ZUBEREITUNG

Die Butter mit dem Zucker schaumig rühren. Anschließend nach und nach die Eier dazugeben und gut verrühren.

Die restlichen Zutaten nacheinander untermengen und alles noch einmal kurz und gut durchmischen.

Die Tortenform mit Backpapier auslegen, den Teig in die Form füllen und im vorgeheizten Ofen ca. 45 Minuten backen. Danach gut auskühlen lassen.

Den Nougat über einem Wasserbad erwärmen.

Die Torte zweimal waagrecht auseinanderschneiden und die 2 Böden jeweils mit warmem Nougat bestreichen. Danach die Böden zusammensetzen, die Torte mit Marmelade einstreichen und mit der Schokoladenglasur glasieren. Schmeckt so schon himmlisch gut, den besonderen weihnachtlichen Touch bekommt die Torte mit der süßen Lebkuchenfassade.

FLUFFIG ZUM WEGSNACKEN: PIKANTER WEIHNACHTSKRANZ

Backtemperatur:
200 °C Heißluft

Backzeit:
ca. 15–20 Minuten

Zutaten für 1 Kranz

Teig:
300 g lauwarme Milch
500 g Weizenmehl 700 (D: 550)
10 g Salz
10 g Hefe
50 g zimmerwarme Butter

1 rundes Stück Camembert

ZUBEREITUNG

Aus den angegebenen Zutaten einen pikanten Hefeteig zubereiten. Dazu die Milch in eine Schüssel geben. Mehl, Salz, Hefe und die zimmerwarme Butter dazugeben und den Teig ca. 5–10 Minuten kneten, bis er schön glatt ist und sich von der Schüssel löst. Anschließend ca. 30 Minuten zugedeckt rasten lassen.

Den Teig danach in 30 g schwere Stücke aufteilen, diese zu Kugeln schleifen.

Den Camembert auf ein mit Backpapier belegtes Backblech legen und die Teigkugeln rundherum anordnen. Die Teigkugeln mit Wasser besprühen und alles im vorgeheizten Backofen mit viel Dampf (Seite 183) ca. 15–20 Minuten backen.

WAS SONST NOCH IN DER
WEIHNACHTLICHEN BACKSTUBE
PLATZ FINDET
:

SÜSSES UND GESCHENKIDEEN

Die beste Zeit, seine Liebsten mit selbstgemachten Köstlichkeiten zu überraschen? Immer! Aber in der Adventszeit gibt es dafür gleich noch mehr schöne Anlässe. Und es geht einfach nichts über einen Schokolöffel in warmer Milch, wenn die Schneeballschlacht beendet ist und die Schneemannfamilie fröhlich beim Fenster hereinlacht.

WIE AUF DEM WEIHNACHTSMARKT: GEBRANNTE MANDELN

Zubereitungszeit:
ca. 20 Minuten

Zutaten:
200 g Zucker
1 Pkg. Vanillezucker
1/2 TL Zimt
100 g Wasser
200 g Mandeln

ZUBEREITUNG

Zucker, Vanillezucker und Zimt in einer Pfanne erhitzen, das Wasser dazugeben und zum Kochen bringen. Die Mandeln hinzufügen und unter ständigem Rühren weiterkochen lassen, bis der Zucker eingetrocknet ist. Die Temperatur dann reduzieren und so lange weiterrühren, bis der Zucker leicht schmilzt und die Mandeln etwas glänzen. Die Mandeln auf ein Backblech stürzen und auskühlen lassen.

HERRLICH VANILLIG: EIERLIKÖR

Zubereitungszeit:
ca. 30 Minuten

Zutaten
für 1 Liter Eierlikör

1 Vanilleschote
6 Eigelbe
250 g Puderzucker
350 g Schlagsahne
250 g weißer Rum

ZUBEREITUNG

Die Vanilleschote längs einschneiden und das Mark herauskratzen.

Eigelbe und Puderzucker mit einem Mixer für mindestens 5 Minuten gut verrühren. Schlagsahne und weißen Rum unterrühren. Die Masse anschließend über einem heißen Wasserbad 6–8 Minuten aufschlagen, bis sie dick und heiß ist. Sie darf aber nicht kochen.

Den Eierlikör in schöne Gläser füllen und sofort gut verschließen.

TIPP

Im Kühlschrank aufbewahrt hält Eierlikör ca. 4 Wochen.

FÜR DIE BESTE FREUNDIN: SELBSTGEMACHTE SCHOKOTAFELN

Backtemperatur:
60 °C Heißluft

Zutaten:
Verschiedene Schokoladensorten (hell und dunkel)
Trockenfrüchte und Nüsse nach Wunsch

ZUBEREITUNG

Die Schokolade bei 60 °C im Backofen schmelzen. Die Masse danach auf einem Backpapier verteilen und gleichmäßig verstreichen.

Im Anschluss Früchte und Nüsse darauf verteilen und trocknen lassen.

Zum Verschenken die Schokolade je nach Bedarf in unterschiedlich große Teile brechen und mit einem schönen Papier oder einer Folie verpacken.

EIN PERFEKTES DUO: LEBKUCHENTIRAMISU

Zutaten
für 8 Gläser (je 200 ml)

150 g Lebkuchen (Seite 31)

250 g Schlagsahne
250 g Topfen (Quark)
125 g Mascarpone
30 g Zucker
1 TL Zimt

Zum Bestreuen:
Kakaopulver

ZUBEREITUNG

Den Lebkuchen in kleine Stücke brechen.

Für die Creme die Schlagsahne steif schlagen. Topfen (Quark), Mascarpone, Zucker und Zimt gut verrühren. Zum Schluss die Schlagsahne unterheben.

Eine Schicht Lebkuchenstücke in ein Glas geben, darauf eine Schicht Creme verteilen und wieder Lebkuchenstücke draufgeben. So fortfahren, bis das Glas voll ist. Den Abschluss bildet eine Schicht Creme.

Am Schluss noch mit etwas Kakaopulver bestreuen.

ZUM NIEDERKNUSPERN: ZIMT-MINIS

Backtemperatur:
170 °C Heißluft

Backzeit:
ca. 10–15 Minuten

Zutaten
für 2 Backbleche

Teig:
80 g Dinkelmehl 700 (D: 630)
80 g Dinkelvollkornmehl
5 g Backpulver
15 g Zimt
50 g brauner Zucker
30 g Honig
60 g Buttermilch
50 g weiche Butter

Zum Bestreichen:
1 EL Rapsöl

Zum Bestreuen:
25 g Zucker
2 g Zimt

ZUBEREITUNG

Alle Zutaten zu einem Teig verkneten. Den Teig anschließend halbieren und jede Teighälfte ca. 5 mm dick auf einer bemehlten Arbeitsfläche ausrollen. Den Teig auf 2 mit Backpapier ausgelegte Backbleche geben, mit Öl bestreichen und mit der Mischung aus Zucker und Zimt bestreuen. Nun mit einem Pizzaroller in kleine Quadrate schneiden und anschließend im vorgeheizten Backofen ca. 10–15 Minuten goldbraun backen.

Frohes Fest

Vorfreude zum Aufmachen: Adventskalender

Für einen selbst vergehen die Tage bis zum Heiligabend manchmal fast zu schnell. Meine Kinder freuen sich aber riesig, wenn sie die Wartezeit mit einem Adventskalender ein bisschen verkürzen können. Und mir bereitet es große Freude, ihn mit kleinen Überraschungen zu befüllen. Deshalb gibt es bei uns einen Adventskalender aus kleinen, einfachen Säckchen. Den holen wir jedes Jahr wieder aus der Weihnachtsbox. Ich mag das sehr, weil es einerseits nachhaltig ist und man im Grunde alles hineingeben kann: süße Kleinigkeiten oder auch Zettelchen, auf denen steht, warum man seine Kinder soooo lieb hat. Oder Gutscheine, zum Beispiel für eine gemeinsame Rodelpartie am Nachmittag. Dann ist das Aufmachen schon toll und die Vorfreude auf die Familienzeit nach der Schule riesengroß.

Leinensäckchen gibt es zu kaufen, sie lassen sich natürlich aber auch ganz einfach selber nähen und zum Beispiel mit Kartoffeldruck (Seite 137) verzieren. Und dann ... ist irgendwann auch das letzte Säckchen geöffnet und Weihnachten steht vor der Tür.

HERB-FRUCHTIGER WINTERTRAUM: ORANGENMARMELADE

Zubereitungszeit:
ca. 45 Minuten
(auf 2 Tage aufgeteilt)

Zutaten
für 6–7 Gläser à 220 g

700 g Bio-Orangen
300 ml frisch gepresster Orangensaft
1 kg feiner Zucker
Saft von 1 kleinen Bio-Zitrone

6–7 Marmeladengläser

ZUBEREITUNG

Am 1. Tag:

Die Orangen gründlich waschen und abbürsten. In einem großen Topf Wasser aufkochen und die ganzen Orangen hineingeben. Bei schwacher Hitze etwa 20 Minuten köcheln lassen. Die Orangen herausnehmen, kalt abschrecken und abtropfen lassen. In 4 mm dicke Scheiben schneiden.
Orangenscheiben, Orangensaft, Zucker und Zitronensaft in einen großen Topf geben und erhitzen, dabei vorsichtig umrühren. Nach dem ersten Aufwallen den Topf vom Herd nehmen, mit Backpapier bedecken und über Nacht kühl stellen.

Am 2. Tag:

Die Marmelade erneut unter vorsichtigem Rühren aufkochen, anschließend ca. 10 Minuten bei starker Hitze sprudelnd kochen, dabei stets rühren. Den entstandenen Schaum mit einer Schaumkelle sorgfältig abschöpfen. Den Topfinhalt fein pürieren. Anschließend weitere 5 Minuten unter ständigem Rühren kochen. Auf einem kleinen Teller die Gelierprobe machen (mehr dazu im Tipp). Sobald die Marmelade geliert, ist sie fertig.
Inzwischen die Marmeladengläser in kochendem Wasser sterilisieren und abkühlen lassen. Die fertige Marmelade in die Gläser fühlen und verschließen.

TIPP

Für die Gelierprobe gibst du 1–2 TL heiße Marmelade auf einen kleinen Teller. Wenn die Masse nach einer kurzen Abkühlzeit (ca. 2 Minuten) dicklich ist, dann ist die Marmelade fertig und kann in die Gläser abgefüllt werden.

VON DRAUSS' VOM WALDE ...: TANNENZAPFEN-CAKE-POPS

Backtemperatur:
200 °C Heißluft

Backzeit:
ca. 12 Minuten

Zutaten
für ca. 15 Cake-Pops

Teig:
3 Eier
120 g Zucker
4 EL Mineralwasser (oder Leitungswasser)
120 g Weizenmehl 700 (D: 550)
1/2 Pkg. Backpulver
15 g Kakaopulver

Cake-Pops:
200 g Mascarpone

Zum Verzieren:
Frühstücks-Schokoflocken

Holzstiele

ZUBEREITUNG

Aus den angegebenen Zutaten einen dunklen Biskuitteig zubereiten. Dazu die Eier trennen und die Eiweiße zu einem steifen Schnee schlagen. Eigelbe und Zucker schaumig rühren, das Mineralwasser hinzufügen und weiter mixen, bis eine luftige Masse entsteht.

Mehl, Backpulver und Kakao mischen und anschließend löffelweise in die cremige Masse einarbeiten.

Danach den Schnee unterheben.

Den Teig auf ein Backblech streichen und ca. 12 Minuten im vorgeheizten Backofen backen.

Nach dem Auskühlen den Kuchen zerbröseln, mit Mascarpone vermischen und aus der Masse walnussgroße Kugeln formen. Die Kugeln ca. 25–30 Minuten im Kühlschrank rasten lassen.

Danach einen Stiel in jede Kugel stecken und die Kugeln nochmals 20 Minuten in den Gefrierschrank legen.

Rund um die gekühlten Cake-Pops die Schokoflocken stecken, bis sie aussehen wie kleine Tannenzapfen.

KNÄCKE
BROT

MEIN MIX FÜR DICH: KNÄCKEBROT-BACKMISCHUNG

Zutaten
für 1 Flasche à 550 ml

120 g Dinkelvollkornmehl
120 g Haferflocken
80 g Sonnenblumenkerne
50 g Sesam
5 g Salz
5 g brauner Zucker

ZUBEREITUNG

Die einzelnen Zutaten schichtweise in die Flasche füllen, fertig!

TIPP

Damit die einzelnen Schichten schön sichtbar sind, muss jede einzelne Schicht nach dem Einfüllen gut verdichtet werden. Das funktioniert, indem man die Flasche ein paar Mal leicht auf den Tisch klopft (am besten auf einem gefalteten Geschirrtuch zur Dämpfung).

Und wie aus der Backmischung das Knäckebrot entsteht: Zubereitungsanleitung zum Mitverschenken

Die Backmischung mit 500 g lauwarmem Wasser verrühren, danach 10 Minuten quellen lassen. Die Masse auf einem Backblech verteilen und bei 170 °C Heißluft ca. 60 Minuten backen. Nach 10 Minuten im Backofen die Masse mit einem Pizzaroller in Quadrate schneiden, da sie nach dem Backen nur mehr gebrochen, aber nicht mehr in gleichmäßige Stücke geschnitten werden kann.

ZAUBERSTAB ZUM RÜHREN: SCHOKOLÖFFEL

Zutaten
für 15 Schokolöffel

100 g Kuvertüre nach Wunsch

Zum Bestreuen und Verzieren:
gehackte Nüsse
gehackte Trockenfrüchte
Schokolade (z.B. Himbeer-schokolade)

15 Holzlöffel

ZUBEREITUNG

Die Kuvertüre über einem Wasserbad schmelzen. Die Holzlöffel in die Kuvertüre tauchen bzw. damit befüllen. Mit gehackten Nüssen oder Früchten bestreuen oder mit Schokolade verzieren.

Nach einem Tag im Schnee kuscheln wir uns abends gern im Wohnzimmer zusammen. Im Kachelofen knistert das Feuer, draußen ist es schon richtig dunkel und die Laternen und Kerzen verbreiten eine fast magische Stimmung. Die Weihnachtszeit ist so besonders, weil sie Familienzeit ist. Das Jahr neigt sich dem Ende, und das neue wartet mit vielen Ideen, Plänen, Abenteuern auf uns.

FÜRS WEIHNACHTSFONDUE: CHUTNEY

Zutaten
für 5 Gläser à 200 ml

1 kg Äpfel
1 kleine Zwiebel
1 kleines Stück Ingwer
1 TL Öl
250 g brauner Zucker
300 g Weißweinessig
Saft von 1/2 Zitrone

5 Marmeladengläser

ZUBEREITUNG

Die Äpfel schälen und in kleine Würfel schneiden. Die Zwiebel schälen und fein schneiden. Den Ingwer fein schneiden.

Das Öl in einem Topf erhitzen. Äpfel, Zwiebel und Ingwer dünsten, den Zucker dazugeben und mit dem Weißweinessig schluckweise aufgießen.

Dann ca. 30 Minuten dick einkochen lassen. Danach das Chutney mit dem Zitronensaft abschmecken und in Gläser abfüllen.

KUGELRUNDE SÜSSIGKEIT: MARZIPANKARTOFFELN

Zutaten für ca. 20 Marzipankartoffeln

Kartoffel:
100 g Marzipanrohmasse
60 g Puderzucker

Zum Wälzen:
30 g Backkakaopulver

ZUBEREITUNG

Die Marzipanrohmasse mit dem Puderzucker verkneten.

Danach aus der Masse kleine Kugeln formen und diese in Kakaopulver wälzen.

ZUM EINTAUCHEN GUT: SCHOKOFRÜCHTE

Zutaten
100 g Kuvertüre
100 g Trockenfrüchte nach Wahl

ZUBEREITUNG

Die Kuvertüre über einem Wasserbad schmelzen.

Die Früchte darin eintunken. Danach auf ein Backpapier legen und die Schokofrüchte auskühlen lassen.

PIKANTE NASCHEREI ZWISCHEN ALL DEN KEKSEN: KRÄUTERCRACKER

Backtemperatur:
190 °C Heißluft

Backzeit:
ca. 10–12 Minuten

Zutaten für
für 2 Backbleche

180 g Weizenmehl 700 (D: 550)
120 g Butter
5 g Salz
5 g Zucker
2 EL Olivenöl

Zum Bestreuen:
100 g Kräutersalz

ZUBEREITUNG

Die angegebenen Zutaten zu einem Teig verkneten und diesen in Frischhaltefolie gewickelt ca. 1 Stunde kalt stellen.

Den Teig danach ausrollen und mit einem Pizzaroller in kleine Quadrate schneiden. Diese mit Wasser besprühen und mit Kräutersalz bestreuen.

Die Cracker im vorgeheizten Backofen ca. 10–12 Minuten backen.

KENNST DU DAS?

Nach einem Keksbacknachmittag habe ich immer richtig Lust auf etwas Pikantes. Manchmal brauche ich aber auch zwischendurch schon einen kleinen Happen. Da passen diese Kräutercracker perfekt.

GRANOLA

WENN'S SCHON IN DER FRÜH DUFTET UND KNUSPERT: WEIHNACHTSGRANOLA

Backtemperatur:
160 °C Heißluft

Backzeit:
ca. 20 Minuten

Zutaten
für 1 Backblech

65 g Honig
60 g Butter
200 g Haferflocken
100 g grob gehackte Haselnüsse
100 g grob gehackte Mandeln
1 TL Zimt
1 Prise Nelkenpulver

Gläser zum Abfüllen

ZUBEREITUNG

Honig und Butter in einem Topf schmelzen.

Haferflocken, Haselnüsse, Mandeln, Zimt und Nelkenpulver in eine Schüssel geben und vermischen.

Danach das flüssige Honig-Butter-Gemisch dazugeben und alles verrühren.

Die Masse auf ein mit Backpapier belegtes Backblech streichen und im vorgeheizten Backofen ca. 20 Minuten backen.

Das Granola auskühlen lassen, vorsichtig zerbrechen und in schöne Gläser abfüllen.

ZUM HÄNDEWÄRMEN: KRÄUTERTEE

Zutaten für
für ca. 100 g Kräuterteemischung

- 25 g getrocknete Zitronenverbene
- 10 g getrocknete Kamillenblüten
- 20 g getrocknete Pfefferminze
- 10 g getrocknetes Zitronengras
- 10 g getrocknete Melisse
- 10 g getrocknete, fein geschnittene Ingwerwurzel
- 5 g getrocknete Ringelblumenblüten
- 5 g getrocknete Malvenblüten
- 5 g getrocknete Ringelblumen

ZUBEREITUNG

Die getrockneten Teekräuter mischen und am besten dunkel aufbewahren.

Für 1 Kanne Tee ca. 2 Esslöffel Kräuterteemischung mit den Fingern zerbröseln, damit sich das Aroma bestens entfalten kann.

Die Kräuter mit heißem Wasser überbrühen, ca. 10 Minuten ziehen lassen und genießen.

TIPP

Je nachdem, wie intensiv du deinen Tee magst, kannst du mehr oder weniger Kräuter in deine Kanne füllen. Ebenso ist es mit der Ziehzeit. Probier einfach aus, wie es dir am besten schmeckt.

tee

DU SUCHST NACH DEINEM LIEBLINGSREZEPT? HIER FINDEST DU ALLE REZEPTE IN ALPHABETISCHER REIHENFOLGE:

Für unterwegs und zum Kaffee: Weihnachtsbrote, Gebäck und Kuchen

Für strahlende Augen: Süßes und Geschenkideen

LUST AUF WAS BESTIMMTES? HIER WIRST DU FÜNDIG:

Für alle, die gern Nüsse knacken

Hier kommen Kokosfans ins Schwärmen

Aber bitte mit … Eierlikör oder Rum oder Kaffee

Oh, wie das duftet: Rezepte mit Zimt, Nelken und Lebkuchengewürz

Weihnachten ohne Schokolade? Kaum vorstellbar

Für alle, die Marzipan lieben

Natürlich gibt's auch Kekse mit Mohn

Himmlische Vanille-Rezepte

Luftiges Windgebäck, fluffiger Kuchen, zarte Glasur

So bunt, so fruchtig, so köstlich

Das bringt Kinderaugen zum Leuchten

Und zwischendurch was Pikantes

Aufs Trinken nicht vergessen

Löwenzahn-Bücher werden auf höchstem ökologischen Standard gedruckt, ausschließlich mit Substanzen, die wieder in den biologischen Kreislauf rückgeführt werden können. Cradle to Cradle™-zertifiziert by gugler*, klimapositiv, auf Papier, das in Österreich produziert wurde, und ohne Plastikfolie, die dein Lieblingsbuch unnötig einhüllt – für unsere Umwelt und unsere Zukunft.

2. Auflage

E-Mail: loewenzahn@studienverlag.at
Internet: www.loewenzahn.at

Inhaltliche Betreuung: Löwenzahn Verlag/Christina Kindl-Eisank, Katharina Schaller
Konzept: Löwenzahn Verlag/Katharina Schaller
Lektorat: Löwenzahn Verlag/Christina Kindl-Eisank
Projektleitung: Löwenzahn Verlag/Julia Zachenhofer

Umschlag- und Buchgestaltung sowie grafische Umsetzung: Aimée Wald – Kommunikationsdesign, www.aimeewald.com

Fotografien: Nadja Hudovernik, www.nadja-hudovernik.com

Illustrationen: Aimée Wald

Bibliografische Information Der Deutschen Nationalbibliothek
Die Deutsche Nationalbibliothek verzeichnet diese Publikation in der Deutschen Nationalbibliografie; detaillierte bibliografische Daten sind im Internet über <http://dnb.dnb.de> abrufbar.

ISBN 978-3-7066-2696-5

CERTIFIED cradletocradle SILVER
Umschlag und Bindung ausgenommen
www.gugler.at

greenprint* klimapositiv gedruckt

Gedruckt nach der Richtlinie „Druckerzeugnisse" des Österreichischen Umweltzeichens. gugler* print, Melk, UWZ-Nr. 609, www.gugler.at